연세 한국어

활용연습 3-1

연세대학교 한국어학당 편

연세대학교 대학출판문화원

연세 한국어

활용연습 3-1

편저자 연세대학교 한국어학당 교재편찬위원회
집필진 한상미 · 문정 · 유연희 · 박혜란
발행 연세대학교 대학출판문화원

주소 서울시 서대문구 연세로 50
전화 02) 2123-3380~2
팩스 02) 2123-8673
e-mail : ysup@yonsei.ac.kr
http://www.yonsei.ac.kr/press
등록 1955년 10월 13일 제9-60호
인쇄 네오프린텍(주)
삽화 디투웍스
본문 더그라프
녹음 (주)반도음반
성우 윤미나 · 전광주

2013년 3월 5일 1판 1쇄 2020년 3월 24일 1판 10쇄
ISBN 978-89-6850-007-7(08710)
ISBN 978-89-6850-006-0(08710) (세트)

값 **15,000**원(CD포함)

일러두기

- '연세 한국어 활용연습 3'은 중급용 한국어 교재인 '연세 한국어 3'을 보다 효율적으로 학습해 나갈 수 있도록 하기 위해 개발되었다.
- '연세 한국어 활용연습 3'은 총 10과로 이루어져 있으며, 각 과는 5개의 항으로 구성되어 있다.
- 각 과의 1항부터 4항까지는 어휘, 문법 연습으로 구성되어 교재에 나온 어휘와 문법을 연습하도록 되어 있다. 5항은 한 과의 전체 내용을 총 정리하고 복습하는 내용으로 되어 있으며, 어휘와 문법 복습과 듣기 연습, 읽기 연습, 말하기 · 쓰기 연습 등으로 구성되어 있다.
- 학생들의 흥미를 끌고자 단어 찾기 게임, 단어 만들기 게임, 삼행시 짓기, 퍼즐 게임, 한국 관련 퀴즈 등 다양하고 흥미로운 내용으로 5개의 쉼터를 넣었다.
- 5과가 끝날 때마다 복습 문제와 십자말 풀이를 넣어 배운 내용에 대한 정리를 할 수 있도록 하였다.
- 학생들의 이해를 돕고자 각 연습 문제의 1번에는 답을 써 주어 보기와 같은 역할을 할 수 있도록 하였다.
- 책의 뒷부분에는 교재에 실린 듣기 연습 부분의 지문과 모범 답안을 실어 학생들이 스스로 답안을 확인하고 공부하는 데 도움이 되도록 하였다.

차례

3-1

3-2

제 1과 취미생활

1과 1항

어휘

1. 다음 빈 칸에 들어갈 말로 맞지 <u>않는</u> 것을 고르십시오.

❶ 저는 시간이 있으면 .... 을/를 해요.

운동	여행	~~춤~~	독서

❷ 제 취미는 .... 감상이에요.

연극	영화	그림	악기

❸ 제 취미는 .... 을/를 두는 것이에요.

우표	장기	바둑	체스

❹ .... 을/를 치면 시간이 정말 빨리 가요.

낚시	골프	테니스	탁구

❺ 주말에는 친구들과 같이 .... 을/를 해요.

등산	축구	요리	자전거

❻ 여러 나라를 여행하면서 .... 을/를 모으는 것을 좋아해요.

엽서	음악	동전	열쇠고리

2. 다음 [보기]에서 알맞은 말을 골라 빈 칸에 쓰십시오.

[보기]	세계	거의	가능하다
	마음을 먹다	모으다	시간을 내다

❶ 교실에 걸려 있는 (　세계　) 지도에서 우리나라를 찾아봤어요.

❷ 잠깐만 기다려. 일이 (　　　　) 다 끝났어.

❸ 오토바이를 사려고 돈을 (　　　　)고 있어요.

❹ (　　　　)으면/면 오늘 저녁까지 그 일을 끝내 주세요.

❺ 내년에 유학을 가기로 (　　　　)었어요/았어요/였어요.

❻ 이번 주말에는 (　　　　)어서/아서/여서 할머니를 찾아뵐 거예요.

문법

-던데요

3. 다음은 유카의 일기입니다. '-던데요'를 사용해 대화를 완성하십시오.

5월 11일 토요일 맑음

한국 친구와 같이 경복궁에 다녀왔다. 신촌에서 가깝고 ❶입장료도 아주 쌌다. 주말이어서 그런지 ❷구경 온 사람들이 많았다. 나와 같은 외국인들도 많았다.

경복궁은 옛날에 왕이 살던 곳으로 ❸ 오래된 건물과 연못이 있어서 아주 멋있었다. ❹사람들은 여기저기에서 사진을 찍었다. 우리도 천천히 구경을 하면서 사진을 찍었다. 한참 가다가 보니까 ❺민속 박물관이 있었다. ❻거기에서는 옛날 사람들의 생활 모습을 알 수 있어서 좋았다. 오늘 경복궁과 민속 박물관을 보고 한국의 역사와 문화를 많이 알게 되었다. 다음에 한가할 때 다시 가서 천천히 구경하고 싶다.

유카 : 어제 경복궁에 갔다가 왔어요.

수지 : 그래요? 저도 한번 가 보고 싶었는데……. 여기에서 가까워요?

유카 : 네, 가까워요. 그리고 ❶입장료도 아주 싸던데요.

수지 : 주말이어서 사람들이 많았지요?

유카 : 네, ❷ ______________________ 던데요.

수지 : 경복궁은 어떤 곳이에요?

유카 : 옛날에 왕이 살았던 곳이에요.

❸ ______________________ 던데요.

그래서 그런지 사람들이 여기저기에서 ❹ ______________________.

수지 : 그래요? 그런데 경복궁만 구경하고 왔어요?

유카 : 아니요, 한참 걸어가니까 그 옆에 ❺ ______________________.

그래서 거기도 들어가서 구경했어요.

수지 : 민속 박물관은 어땠어요?

유카 : ❻ ______________________.

한국의 역사와 문화에 대해서 많이 배웠어요.

수지 : 좋았겠어요. 저도 다음에 꼭 가 봐야겠어요.

4. 다음 그림을 보고 '-던데요'를 사용해 대화를 완성하십시오.

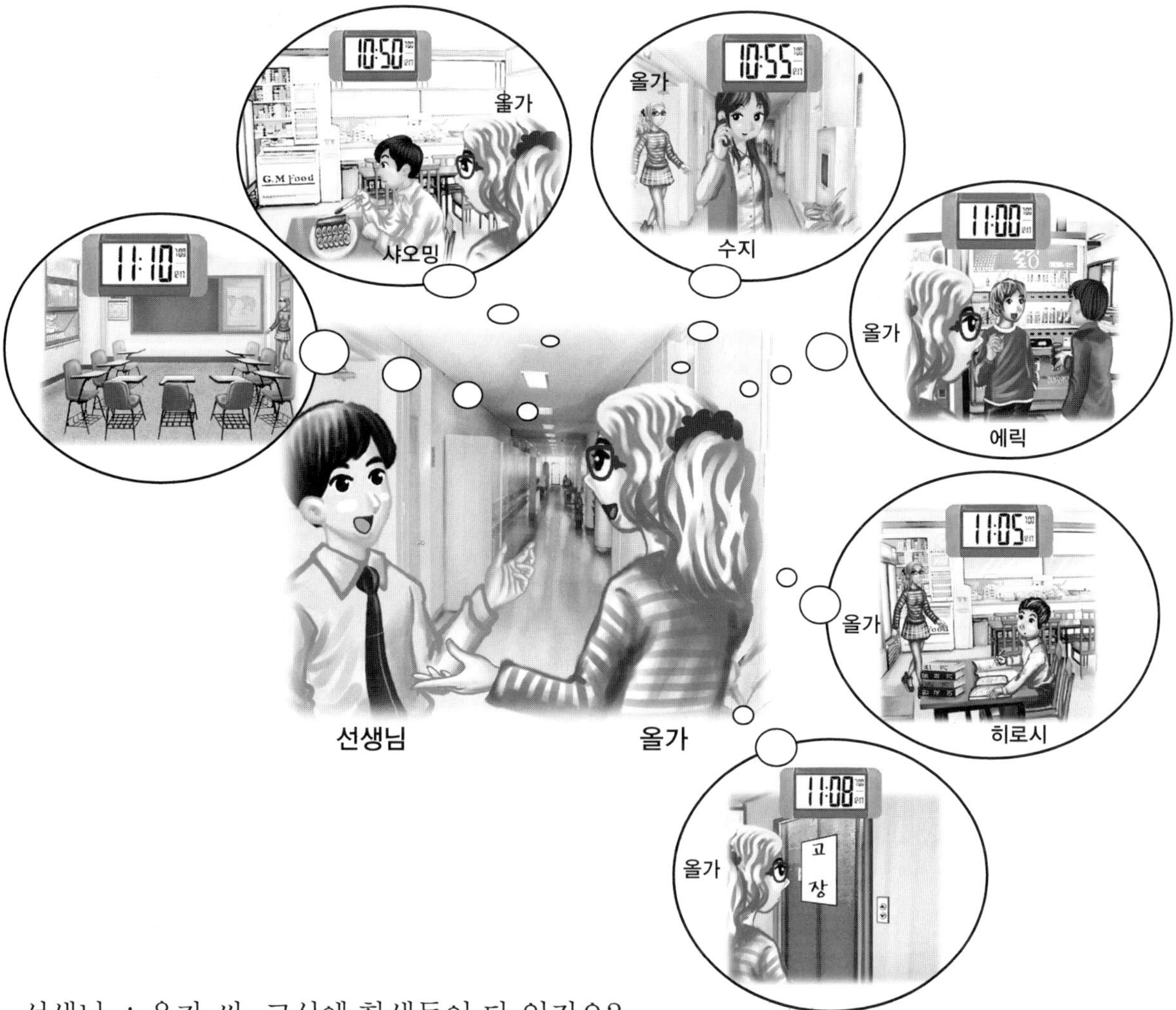

선생님 : 올가 씨, 교실에 학생들이 다 있지요?

올가 : 아니요. ❶ 아무도 없던데요.

선생님 : 그래요? 샤오밍 씨도 없어요?

올가 : 네, 아까 샤오밍 씨를 봤는데 ❷ ....

선생님 : 그럼, 수지 씨는요?

올가 : ❸ ....

선생님 : 에릭 씨도 봤어요?

올가 : 네, ❹ ....

선생님 : 히로시 씨는요?

올가 : ❺ ....

선생님 : 그래요? 곧 수업을 시작할 테니까 올가 씨가 친구들 좀 불러 줄래요?

올가 : 네, 그럴게요.

선생님 : 엘리베이터를 타고 내려가세요.

올가 : 아까 보니까 ❻ ....

빨리 뛰어갔다 올게요.

-네요

5. 다음 대화를 완성하십시오.

❶ 가 : 이 순대 좀 드셔 보세요. 맛이 어때요?
나 : 먹어 보니까 맛있네요.

❷ 가 : 이 시계 얼마예요?
나 : 30% 할인해서 300만 원이에요.
가 : 300만 원이요? ....네요.

❸ 가 : 내가 제일 좋아하는 가수야. 노래 잘 하지?
나 : 응, ...네. 춤도 잘 추고.

❹ 가 : 이 찜질방 어때? 500명이나 들어갈 수 있어.
나 : 우와, 정말 ....네요.

❺ 가 : 졸업식 때 입으려고 한복을 빌렸는데 어때요?
나 : ....네요.

❻ 가 : 어제 시험을 봤는데 100점을 받았어요.
나 : ....네요.

6. 다음 그림을 보고 대화를 완성하십시오.

히로시 : 밍밍 씨, 여기 음식 정말 맛있지요?

밍밍 : 네, 그래서 이렇게 사람이 많군요. 어, 저기 승연 씨가 ❶있네요.

히로시 : 어머니와 같이 온 것 같아요. 정말 두 사람이 ❷ ________ 네요.

밍밍 : 네, 누가 봐도 한 가족인 걸 알겠어요. 그런데 어머니가 아주 ❸ ________ 네요.

히로시 : 승연 씨 언니 같지요? 그런데 식탁 위에 있는 저 그릇들 좀 보세요.

밍밍 : 저게 다 두 사람이 먹은 거예요? 정말 ❹ ________ 네요.

히로시 : 어, 어떤 남자가 승연 씨 옆으로 ❺ ________ 네요.

밍밍 : 아, 승연 씨 아버지 같아요. 승연 씨와 엄마는 아주 날씬한데 아버지는 ❻ ________ 네요. 저기 있는 그릇들은 아버지가 잡수신 것 같군요.

1과 2항

어휘

1. 다음 [보기]에서 알맞은 말을 골라 빈 칸에 쓰십시오.

[보기] 발표회 상영 연주회 전시회

❶ 이번 주부터 졸업생들의 작품 (발표회)~~이~~/가 시작돼서 구경 온 사람들이 많았다.

❷ 오늘 친구가 피아노 ( )을/를 해서 꽃을 사 가지고 갔다.

❸ 다음 주부터 연세대학교 박물관에서 새로운 ( )을/를 시작합니다.

❹ 올해 영화제에서 상을 받은 영화가 다음 주부터 극장에서 ( )이/가 된대요.

2. 다음 [보기]에서 알맞은 말을 골라 빈 칸에 쓰십시오.

[보기] 인물화 풍경화 학원 주로 등록하다 완성하다

❶ 유카 씨는 한국어 수업이 끝나면 (학원)에 가서 일본어를 가르쳐요.

❷ 그 소설을 ( )는/은/ㄴ 데 10년이 걸렸다고 한다.

❸ 친구들이 모두 회사에 다녀서 ( ) 저녁에 만나요.

❹ 한국 요리를 배우고 싶어서 요리 학원에 ( )었어요/았어요/였어요.

❺ 저는 사람들의 모습을 그린 ( )보다 산이나 바다 같은 자연을 그린 ( )이/가 더 좋아요.

문법

-는 편이다

3. 다음 문장을 완성하십시오.

❶ 태우 씨는 회사일 때문에 자주 늦게 옵니다.
태우 씨는 다른 사람보다 회사일이 많은 ~~는/은/ㄴ~~ 편입니다.

❷ 수지 씨 집에서 학교까지 40분 걸립니다.
수지 씨 집은 학교에서 ______________ 는/은/ㄴ 편입니다.

❸ 유카 씨는 약속 시간에 늦는 일이 별로 없습니다.
유카 씨는 약속을 잘 ______________ 는/은/ㄴ 편입니다.

❹ 샤오밍 씨는 매운 음식을 좋아해서 자주 먹습니다.
샤오밍 씨는 매운 음식을 잘 ______________ 는/은/ㄴ 편입니다.

❺ 안드레이 씨는 이번 시험에서 모두 90점을 받았습니다.
안드레이 씨는 시험을 잘 ______________ 는/은/ㄴ 편입니다.

❻ 승연 씨는 21살에 결혼을 했습니다.
승연 씨는 결혼을 일찍 ______________ 는/은/ㄴ 편입니다.

4. 다음 표를 보고 '-는 편이다'를 사용해 문장을 완성하십시오.

	한국 대학생	에릭
❶ 하루 수면 시간	6~7시간	8시간
❷ 수업 후 공부하는 시간	2~3시간/1일	1시간/1일
❸ 술을 마시는 횟수	1~2회/일주일	3~4회/일주일
❹ 아르바이트 시간	2~3시간/일주일	6~8시간/일주일
❺ 한 달 용돈	25~30만 원	35만 원
❻ 한 달 휴대 전화 요금	4만 원	2만 8천 원

❶ 에릭 씨는 한국 대학생들에 비해서 잠을 많이 자는 편입니다.
❷ 에릭 씨는 한국 대학생들에 비해서 ______________.
❸ 에릭 씨는 한국 대학생들에 비해서 ______________.
❹ 에릭 씨는 ______________.
❺ 에릭 씨는 ______________.
❻ 에릭 씨는 ______________.

-고요

5. 다음 표를 보고 '-고요'를 사용해 대화를 완성하십시오.

	히로시	유카
연세 커피숍	넓다, 분위기가 좋다.	시끄럽다, 커피가 맛없다.
신촌 헬스클럽	비싸다, 사람이 많다.	깨끗하다, 시설이 좋다.
학교 앞 서점	책이 많다, 값이 싸다.	복잡하다, 친절하지 않다.

수지　: 히로시 씨, 연세 커피숍에서 모임을 하려고 하는데 어때요?

히로시 : 좋아요. 거긴 아주 ❶ 넓어요 . 분위기도 좋고요 .

유카　: 그렇지만 거긴 좀 ❷ 시끄러워요 . ______ .

수지　: 유카 씨, 새로 생긴 신촌 헬스클럽이 좋아요?

유카　: 네, 아주 ❸ ______ . ______ .

히로시 : 하지만 너무 ❹ ______ . ______ .

수지　: 히로시 씨, 학교 앞 서점이 어때요?

히로시 : ❺ ______ . ______ .

유카　: ❻하지만 좀 ______ . ______ .

6. 다음 표를 보고 '-고요'를 사용해 대화를 완성하십시오.

❶ 레스토랑 : 오늘의 메뉴 할인	스테이크(15,000원→7,000원), 후식도 줌
❷ 김치 담그기 대회	외국인만 가능, 해외 교포도 가능
❸ 백화점 세일	10% 할인, 10만 원 이상 사면 상품권도 줌
❹ 문화 체험	한국 무용 보기, 탈춤 배우기
❺ 주스 할인 판매	3,000원→2,000원, 두 개 사면 하나 더 (2+1)
❻ 한국어학당 노래 대회	2급 학생들만 참가, 오후반 2급 학생들도 가능

❶ 가 : 스테이크는 얼마예요?

나 : 오늘만 스테이크가 7,000원이에요. 후식도 드리고요.

❷ 가 : 한국 사람도 김치 담그기 대회에 나갈 수 있어요?

나 : 아니요, ______________. ______________고요.

❸ 가 : 내일부터 백화점 세일인데 얼마나 할인되는지 아세요?

나 : 네, ______________. ______________고요.

❹ 가 : 이번 문화 체험은 뭘 한다고 해요?

나 : ______________. ______________.

❺ 가 : 주스를 왜 이렇게 많이 샀어요?

나 : ______________. ______________.

❻ 가 : 이번 노래 대회는 모든 학생들이 다 참가하는 거예요?

나 : 아니요, ______________. ______________.

YONSEI WORKBOOK 3

어휘

1. 다음은 동아리를 소개하는 글입니다. 어느 동아리인지 쓰십시오.

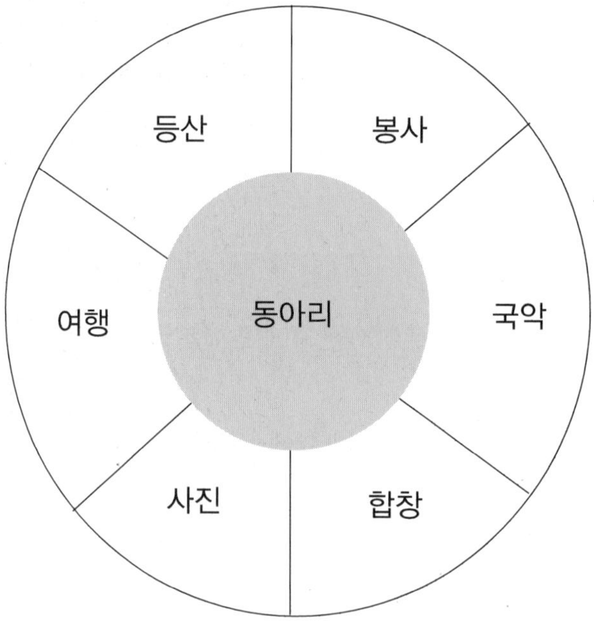

❶ 사진 동아리	❷	❸
가방 안에 카메라 하나만 있으면 됩니다. 놓치고 싶지 않은 순간을 찍으세요. 찰칵! 소중한 추억이 될 거예요.	한국의 전통과 문화에 관심 있으신 분은 오십시오. 전통 음악도 듣고 직접 악기를 연주하는 법도 배울 수 있어요.	어디론가 떠나고 싶으세요? 망설이지 말고 오세요. 답답한 도시를 떠나 자연을 즐겨요. 친구도 사귀고요.
❹	❺	❻
산을 좋아하는 사람은 누구나 환영이에요. 땀을 흘리면서 산에 오르면 모든 스트레스가 없어질 거예요.	여러 사람들이 모여 아름다운 소리를 만듭니다. 웃음과 노래 속에서 우리는 하나가 됩니다.	이 세상은 사랑 없이 살 수 없어요. 진실한 마음으로 사랑을 보여 주실 분을 찾습니다.

2. 다음 [보기]에서 알맞은 말을 골라 빈 칸에 쓰십시오.

[보기] 고민 관심 동영상 홈페이지 괜히 들다

❶ 그 병원의 위치를 알고 싶으면 인터넷 (홈페이지)에 들어가서 보세요.
❷ 취직을 할지 대학원에 갈지 ( )이에요/예요.
❸ 저는 한국 문화에 ( )이/가 있어서 한국에 왔어요.
❹ 컴퓨터 동아리에 ( )으려면/려면 어떻게 해야 해요?
❺ 숙제 때문에 친구 집에 갔는데 친구가 없었어요. 시간도 없는데 ( ) 갔어요.
❻ 요즘은 학원에 가지 않아도 집에서 ( )을/를 보면서 요리를 배울 수 있어서 좋아요.

문법

-는데도

3. 관계있는 문장을 연결해서 한 문장으로 만드십시오.

오늘은 평일입니다. •	• 친구가 오지 않아요.
그 물건이 비쌉니다. •	• 대답을 못 했어요.
그것에 대해서 잘 압니다. •	• 백화점에 사람이 많아요.
뉴스를 날마다 듣습니다. •	• 듣기 성적이 좋아지지 않아요.
밥을 안 먹었습니다. •	• 사는 사람이 많아요.
약속 시간이 지났습니다. •	• 배가 고프지 않아요.

❶ 오늘은 평일인데도 ~~는데도/은데도/ㄴ데도~~ 백화점에 사람이 많아요.
❷ ________ 는데도/은데도/ㄴ데도 ________.
❸ ________ 는데도/은데도/ㄴ데도 ________.
❹ ________.
❺ ________.
❻ ________.

4. 남자 세 명과 여자 세 명에게 질문을 했습니다. '-는데도'를 사용해 문장을 만드십시오.

여자들에게 화가 날 때	남자들에게 화가 날 때
❶ 외출 준비하는 시간이 너무 길다.	❶ 잘못을 했을 때 사과하지 않는다.
❷ 늘 입을 옷이 없다고 말한다.	❷ 할 일이 없어도 항상 바쁘다고 한다.
❸ 이미 끝난 일에 대해서 자꾸 말한다.	❸ 여자 친구가 있어도 다른 여자들한테 관심이 많다.

남자 1 : 여자들은 시간이 없는데도 ~~는데도/은데도/ㄴ데도~~ 외출 준비하는 시간이 너무 길어요.

남자 2 : 여자들은 ________________ 는데도/은데도/ㄴ데도 늘 옷이 없다고 해요.

남자 3 : 여자들은 ________________ 는데도/은데도/ㄴ데도 시간이 날 때마다 그 이야기를 해요.

여자 1 : 남자들은 ________________ 는데도/은데도/ㄴ데도 사과하지 않아요.

여자 2 : 남자들은 ________________________________.

여자 3 : 남자들은 ________________________________.

-기만 하다

5. 다음 문장을 완성하십시오.

❶ 아기가 아픈가 봐요. 우유도 먹지 않고 계속 울기만 해요.

❷ 책을 ________________ 기만 하고 왜 안 읽어요?

❸ 회사에 와서 일은 안하고 ________________ 기만 하는 사람은 필요 없어요.

❹ 그 사람한테 질문하면 언제나 대답은 하지 않고 ________________ 기만 해요.

❺ 안드레이 씨는 월급을 받으면 저금은 하지 않고 ________________ 기만 해요.

❻ 아이들이 식당에서 밥은 안 먹고 ________________ 기만 해요. 시끄러워서 식사를 할 수가 없어요.

6. 다음 그림을 보고 대화를 완성하십시오.

기자 : 요즘 주말을 어떻게 보내고 있는지 지나가는 분들께 물어보겠습니다.
실례지만 주말에 가족들이 무엇을 합니까?

여자 : 제 남편은 ❶ 하루 종일 자기만 해요.
큰 아들은 컴퓨터 앞에서 ❷ .... 만 해요.
딸은 친구들과 ❸ .... 만 하고요.
막내 아들은 쉬지 않고 ❹ .... 기만 해요.

기자 : 그럼 부인께서는 뭘 하세요?

여자 : 저는 하루 종일 ❺ .... 만 해요. 청소하고 빨래하고 식사 준비하고…….

아이들 : 아니에요. 우리 엄마는 하루 종일 ❻ .... 만/기만 해요.

1과 4항

어휘

1. 다음 사람들은 어떤 여가 생활을 즐길까요? 관계있는 두 단어를 [보기]에서 골라 쓰십시오.

[보기]	봉사	비디오	스포츠	음악	컴퓨터
	감상	게임	관람	촬영	활동

① 저는 재미있는 게임을 좋아해서 밤 늦게까지 게임을 할 때가 많아요. (컴퓨터 게임)

② 저는 시간이 나면 고아원에 가서 아이들을 돌봐 줘요. (　　　　)

③ 저는 주말마다 비디오카메라를 가지고 산이나 강가에 가서 사진을 찍어요. (　　　　)

④ 저는 음악을 듣는 것을 아주 좋아해요. 음악을 들으면 마음이 편안해져요. (　　　　)

⑤ 저는 운동을 좋아하지만 직접 하는 것보다 경기장에 가서 보는 것을 더 좋아해요. (　　　　)

2. 다음 [보기]에서 알맞은 말을 골라 빈 칸에 쓰십시오.

[보기]	결과	관광	조사	별로	따르다	험하다

① 어제 고향에서 온 친구와 같이 서울 시내 (관광)을/~~를~~ 했어요.

② 인구 (　　　　)은/는 4년마다 합니다.

③ 길이 (　　　　)어서/아서/여서 운전하기가 힘들어요.

④ 시험 (　　　　)이/가 생각보다 잘 나와서 기분이 좋아요.

⑤ 일기 예보에 (　　　　)으면/면 내일부터 다시 추워진다고 합니다.

⑥ 술을 마시는 것은 (　　　　) 좋아하지 않지만 친구들과 이야기하는 것은 좋아해요.

문법

-자마자

3. 다음 그림을 보고 '-자마자'를 사용해 문장을 완성하십시오.

❶

집에 들어오자마자 비가 왔어요.

❷

수업이 끝나자마자 학생들이 ________________.

❸

버스를 타자마자 ________ ________________.

❹

________________자마자 떨어뜨렸어요.

❺

________________자마자 샤워를 했어요.

❻

________________.

4. '-자마자'를 사용해 대화를 완성하십시오.

❶ 가 : 어제 집에 가서 뭘 했어요?
나 : 너무 피곤해서 집에 가자마자 그냥 잤어요.

❷ 가 : 누군데 그렇게 전화를 빨리 끊어요?
나 : 모르겠어요. 전화를 받자마자 ______________.

❸ 가 : 오늘 시험 끝나고 점심을 같이 먹을래요?
나 : 미안해요. ______________ 자마자 ______________.

❹ 가 : 시간이 너무 늦었네요. 걱정되니까 도착하는 대로 꼭 연락 주세요.
나 : 네, ______________ 자마자 ______________.

❺ 가 : 너 어제 수업 끝나고 어디에 갔니?
나 : ______________.

❻ 가 : 지난주에 용돈을 줬는데 벌써 다 썼어?
나 : 네, ______________.

-는대요

5. 다음 그림을 보고 '-는대요'를 사용해 대화를 완성하십시오.

유카 : 수업 때문에 늦었는데 회장이 무슨 이야기를 했어요?
샤오밍 : ❶ 다음 주 수요일 오후 7시에 동아리 모임이 있대요.
❷ ______________.
❸ ______________.
❹ ______________.
❺ ______________.
❻ ______________.
유카 : 고마워요.

6. 다음은 샤오밍 씨가 밍밍 씨한테 보낸 이메일입니다. 읽고 '-는대요'를 사용해 대화를 완성하십시오.

> 밍밍 씨에게
>
> 방학 동안에 여행을 가고 싶다고 했지요? 어디가 좋냐고요?
>
> 물론 ❶설악산이 제일 좋지요. ❷한국 사람들이 가장 즐겨 찾는 산이 설악산이에요. 설악산은 단풍이 든 가을에도 아름답지만 눈 쌓인 ❸겨울에 더 아름다워요. 등산과 겨울 바다 그리고 온천까지 즐길 수 있어서 ❹겨울에도 사람들이 많이 찾아요. 또 설악산은 서울에서 고속버스로 ❺3시간 정도면 갈 수 있어서 사계절 내내 인기가 많아요. 더 자세한 것을 알고 싶으면 ❻전화하세요. 제가 아는대로 가르쳐 줄게요.
>
> 샤오밍

올가 : 밍밍 씨, 여행갈 곳은 정했어요?

밍밍 : 네, 샤오밍 씨한테 물어보니까 ❶설악산이 제일 좋대요.

❷ ....

그래서 설악산으로 가기로 했어요.

설악산은 가을에도 아름답지만 ❸ ....

올가 : 겨울이어서 관광객들이 그리 많지 않겠군요.

밍밍 : 아니요, 바다도 가깝고 온천까지 즐길 수 있어서 ❹ ....

....

올가 : 그렇군요. 그런데 설악산은 멀지 않아요?

밍밍 : 아니요. 서울에서 고속버스로 ❺ ....

올가 : 설악산에 대해서 잘 아시네요.

밍밍 : 아니에요. 샤오밍 씨가 가르쳐 줬어요.

더 알고 싶으면 ❻ ....

1과 5항

어휘와 문법

1. 다음은 단어 게임입니다. □에 맞는 단어를 [보기]에서 골라 쓰십시오.

[보기] 감상 관람 봉사 상영 수집 여행 연주 오락 전시 촬영

어려움 ————→ 쉬움

10점	7점	5점	3점	정답
논문 ??	기사 ??	?? 준비	발표회	[보기] 발표 (3점)
□□문	미술품 □□	영화 □□	음악 □□	1) (점)
□□ 불가	□□객	□□ 시간	경기 □□	2) (점)
□□ 기사	야외 □□	영화 □□	사진 □□	3) (점)
□□관	□□ 기간	□□ 시간	영화 □□	4) (점)
□□자	국악 □□	□□회	피아노 □□	5) (점)
자원 □□	□□자	무료 □□	□□ 활동	6) (점)
수학□□	배낭□□	신혼□□	□□사	7) (점)
전자□□	□□ 시설	□□ 프로	□□ 영화	8) (점)
도서 □□	조각 □□	그림 □□	사진 □□	9) (점)
골동품 □□	□□가	□□품	우표 □□	10) (점)

맞힌 단어 수 (   )개　　　　점수 (   )점

70점 이상 : 아주 좋습니다. ☺☺
50점 이상 : 좋습니다. ☺
30점 이상 : 보통입니다. 😐
29점 이하 : 조금 더 노력하십시오. ☹

※ 단어 게임입니다. 10점부터 문제를 푸십시오. 잘 모르면 7점(→5점→3점)으로 가서 문제를 푸십시오. 답을 알면 알맞은 단어를 [보기]에서 골라 쓰고 점수에 표시를 하십시오. 10문제를 모두 풀고 점수를 계산해 보십시오.

2. 다음 [보기]에서 알맞은 말을 골라 빈 칸에 쓰십시오.

[보기]				
고민	관심	동아리	동영상	학원
홈페이지	괜히	등록하다	마음먹다	촬영하다

첫 중간시험이 끝났다. 무엇을 할까 ❶ ______________ 을/를 하다가 그동안 미루고 하지 않았던 일들을 하기로 ❷ ______________ 었다/았다/였다. 그래서 먼저 중국어를 배우려고 ❸ ______________ 에 가서 ❹ ______________ 었다/았다/였다. 그 다음에 학교에 가서 중국어 ❺ ______________ 에도 가입했다. 일주일에 한 번씩 모여서 중국어로 이야기도 하고 방학 때는 중국으로 여행도 간다고 한다. 이 동아리에서는 중국 문화에 ❻ ______________ 이/가 있는 학생들을 위해서 한 달에 두 번 중국 영화도 상영하고 회원들이 여행을 하면서 찍어 온 ❼ ______________ 도 보여준다고 한다. 회원들이 직접 ❽ ______________ 어서/아서/여서 어색한 것도 있었지만 재미있는 것도 많았다. 인터넷 ❾ ______________ 에 들어가면 더 많은 정보를 알 수 있다고 한다. ❿ ______________ 그동안 아무 것도 안 하고 시간만 보낸 것 같다. 오늘부터 열심히 해야겠다.

3. 다음 대화를 완성하십시오.

❶ 가 : 남산에 가 보니까 어땠어요?
나 : ______________ 던데요.

❷ 가 : 이거 제가 그린 그림인데 어때요?
나 : ______________ 네요.

❸ 가 : 학생 식당에 자주 가세요?
나 : ______________ 는/은/ㄴ 편이에요.

❹ 가 : 배가 좀 고픈데 저기 포장마차에 가서 뭘 좀 먹을까?
나 : 네, 떡볶이를 먹어요. ______________ 고요.

❺ 가 : 이 문제를 모두 틀렸네요. 수업 시간에 안 배웠어요?
나 : 아니요, ______________ 는데도/은데도/ㄴ데도 ______________.

❻ 가 : 그렇게 하루 종일 ______________ 기만 하면 어떻게 해요?
나 : 미안해요. 너무 피곤해서 움직일 수가 없어요.

❼ 가 : 사무실에서 전화가 오면 바로 연락해 줄 수 있어요?
나 : 네, ______________ 자마자 ______________.

❽ 가 : 승연 씨가 여행을 갔다가 왔을까요?
나 : 조금 전에 승연 씨 집에 전화했는데 ______________ 는대요/대요/으래요/재요/이래요.

❾ 가 : 부모님과 전화했지? 부모님이 뭐라고 하셔?
나 : ______________ 는대요/대요/으래요/재요/이래요.

❿ 가 : 오늘 오후에 뭐 할 거예요?
나 : 명동에 갈 거예요. 친구가 ______________ 는대요/대요/으래요/재요/이래요.

4. 다음 중 맞는 문장에 ○표 하십시오.

❶ 어제 본 영화가 재미있던데요. ( )
어제 본 영화가 재미있었던데요. ( )

❷ 아까 태우 씨가 도서관에 가던데요. ( )
아까 태우 씨가 도서관에 갔던데요. ( )

❸ 요리하는 것을 좋아한 편이지만 시간이 없어서 자주 못 해요. ( )
요리하는 것을 좋아하는 편이지만 시간이 없어서 자주 못 해요. ( )

❹ 안드레이 씨는 똑똑한데도 성격이 좋지 않아요. ( )
안드레이 씨는 똑똑하지만 성격이 좋지 않아요. ( )

❺ 퇴근하는 대로 친구를 만나러 갔어요. ( )
퇴근하자마자 친구를 만나러 갔어요. ( )

5. 다음은 올가 씨 동생이 올가 씨에게 보낸 이메일입니다. 대화를 완성하십시오.

보고 싶은 언니에게

언니, 그동안 잘 있었어? 여기는 요즘 비가 많이 오는데 서울은 어때?
언니한테 전해줄 좋은 소식이 있어. ❶큰 오빠가 다음 달 16일에 결혼해. ❷오빠의 회사일 때문에 좀 빨리 하게 되었어. ❸그때는 방학이니까 올 수 있지? ❹내 메일을 보는 대로 비행기 표부터 예약해. ❺언니가 오면 오빠 결혼 선물을 사러 같이 가자.
참, 내가 좋아하는 가수 김 빈의 새 노래가 나왔어. ❻집에 올 때 이번에 새로 나온 시디(CD) 좀 사 가지고 와. 부탁해.
오늘은 바빠서 이만 쓰고 나중에 더 자세하게 쓸게.
그럼 잘 있어.

동생 마리나가

YONSEI WORKBOOK 3

에릭 : 올가 씨, 뭘 그렇게 열심히 보고 있어요?
올가 : 고향에 있는 동생한테서 이메일이 왔어요.
에릭 : 그래요? 무슨 좋은 소식이 있어요?
올가 : 네. ❶ .... 는대요/대요/냬요/으래요/재요.
❷ 오빠의 일 때문에 .... 는대요/대요/냬요/으래요/재요.
❸ .... 는대요/대요/냬요/으래요/재요.
❹ 메일을 보는 대로 .... 는대요/대요/냬요/으래요/재요.
❺ 고향에 오면 같이 .... 는대요/대요/냬요/으래요/재요.
에릭 : 정말 좋은 소식이네요. 다른 이야기는 없어요?
올가 : 집에 올 때 ❻ .... 는대요/대요/냬요/으래요/재요.

듣기 연습

CD: 01~ 03

1. 뉴스를 듣고 질문에 대답하십시오.

1) 다음 표를 완성하십시오.

	가장 즐겨 하는 취미	취미 활동을 하는 시간	취미 활동을 하는 이유
1위		/ 1주일	
2위		/ 1주일	재미가 있어서
3위	텔레비전 시청	3시간 정도 / 1주일	

2. 이야기를 듣고 질문에 대답하십시오.

1) '이사모'란 무슨 뜻입니까? 쓰십시오.

....

2) '이사모'는 어떤 활동을 하고 있습니까? 쓰십시오.

....

3) 이 이야기를 한 목적은 무엇입니까? (   )

❶ 새 동아리 회장을 알리기 위해　❷ 새 동아리 회원을 모으려고
❸ 동아리 활동의 어려움을 알리려고　❹ 동아리에서 한 활동을 알리려고

3. 대화를 듣고 질문에 대답하십시오.

1) 두 사람은 무엇에 대해서 이야기하고 있습니까? (　　　　　)

❶ 신입생 환영회　　❷ 신입생들의 고민　　❸ 신입생의 동아리 가입

2) 여자가 든 동아리는 무슨 동아리입니까? (　　　　　)

❶ 댄스 동아리　　❷ 사진 동아리　　❸ 연극 동아리

3) 동아리에 가입하려는 학생 수가 줄고 있는 이유는 무엇인지 쓰십시오.

....

읽기 연습

1. 다음 글을 읽고 질문에 대답하십시오.

주부들의 취미 생활

아줌마들이 변하고 있다. 예전에는 여자들의 취미로 꽃꽂이나 요리와 같은 것이 대부분이었으나 이제 그런 것은 옛날이야기가 된 지 오래다. 요즘은 복싱 같은 스포츠에서 고전 무용까지 다양한 취미를 가진 아줌마들이 늘고 있다. 이제 여성들에게 취미는 더 이상 단순한 여가 활동이 아니라 자신의 꿈을 이룰 수 있는 길이기도 하다. 디자이너이면서 인라인 스케이트 마니아인 주부 박은경 씨는 인라인을 타기 시작한 지 4년 만에 국가 대표 선수가 됐다. 박은경 씨는 "인라인을 좀 더 타기 위해 아기도 내년쯤이나 가질 계획"이라고 말했다. 또 다른 사람은 국내 프로 복싱 여자 심판인 김정선 씨이다. 여자 심판은 김 씨가 처음이다. 취미로 복싱 에어로빅을 즐기던 김 씨는 처음으로 복싱 경기를 보고 심판이 되기로 마음먹었다. 취미로 즐기던 일이 직업이 된 것이다. 54세 이순명 씨는 아마추어 발레리나이다. 20년 전 '백조의 호수' 공연을 보고 발레를 배우고 싶다는 생각을 했다. 하지만, 나이도 많고 아무나 할 수 없다는 생각 때문에 포기했다가 4년 전 발레 학원에 등록해서 발레를 배우기 시작했다. 20년 동안 가지고 있던 소원을 이룬 이 씨는 요즘 매우 행복하다고 한다.

아줌마의 힘이 점점 커져가고 있는 지금, 아줌마가 건강해야 가족이 건강하고 가족이 건강해야 나라도 강해진다. 이렇게 아줌마들의 정신과 몸의 건강을 지켜 주는 다양한 취미 생활은 우리 사회를 아름답게 만드는 또 하나의 열쇠다.

1) 글의 내용과 같으면 ○표, 다르면 X표 하십시오.

❶ 예전에 주부들이 많이 하던 취미 활동으로는 요리, 꽃꽂이 등이 있다. (　　　)

❷ 요즘은 취미 활동이 직업으로 바뀌는 일도 있다. (　　　)

❸ 박은경 씨는 인라인 스케이트 선수를 하다가 디자이너가 됐다. (　　　)

❹ 김정선 씨는 복싱 심판이 되기 위해 복싱 에어로빅을 배웠다. (　　　)

❺ 이순명 씨는 지금 발레 학원에서 학생들을 가르치고 있다. (　　　)

2) 박은경 씨가 내년에 아이를 갖기로 한 이유는 무엇입니까? 쓰십시오.

....

3) 이순명 씨가 그동안 발레를 배우겠다는 생각을 하지 못한 이유를 두 가지 쓰십시오.

❶ ....

❷ ....

말하기 · 쓰기 연습

1. 배운 문법을 사용해 친구에게 질문하고 대답하십시오.

질문	친구 1	친구 2
❶ .... 씨는 취미가 뭐예요? 그것을 자주 하는 편이에요? 왜 그것을 자주 해요? (–는 편이다, –고요)		
❷ 취미 생활을 해 보니까 어때요? (–던데요)		
❸ 내가 좋아하는데도 가족이나 친구들이 내 취미를 싫어하면 어떻게 하겠어요? (–는데도)		
❹ 아무 취미 없이 공부만 하거나 일만 하는 사람을 보면 어떤 생각이 들어요? (만/–기만 하다)		

2. 다음 글을 읽고 남편의 취미를 바꿀 수 있는 좋은 방법을 써 보십시오. 그리고 친구와 같이 이야기해 보십시오.

제 남편의 취미는 오디오 수집이에요. 결혼하기 전에는 아주 멋진 취미를 가졌다고 생각했어요. 하지만 지금은 아니에요. 제발 제 남편이 다른 취미를 가졌으면 좋겠어요. 가장 큰 이유는 돈이에요. 사실 오디오는 중고 제품도 매우 비싸요. 값이 싼 것은 눈에 보이지도 않고요. 처음에는 그렇게 비싼 것을 사지 않았는데 점점 눈이 높아지면서 자꾸 비싼 것을 사는 거예요. 좋은 물건이 있다고 하면 어디든지 달려가고요. 물론 오디오는 다시 팔아도 어느 정도 값을 받을 수 있어서 지금까지 참았는데 1년 동안 쓴 돈을 모두 계산하니까 자동차 한 대를 살 수 있을 정도예요. 남편도 돈이 많이 드니까 술도 끊고 담배도 끊었어요. 하지만 앞으로 아이들이 크면 돈이 많이 들 테니까 지금부터 저축을 해야 하는데 큰일이에요. 어떻게 하면 그것을 그만두게 할 수 있을까요? 좋은 방법이 있으면 제발 가르쳐 주세요.

제 2 과 일상생활

2과 1항

어휘

1. 다음 [보기]에서 알맞은 말을 골라 빈 칸에 쓰십시오.

[보기] 인사를 가다 인사를 나누다 인사를 드리다 인사를 받다 인사를 시키다

지난주에 큰아버지 댁에 ❶ 인사를 갔어요~~었어요/았어요/였어요~~. 큰아버지 댁에 도착해서 먼저 할아버지께 ❷ .... 었어요/았어요/였어요. ❸ .... 으신/신 할아버지께서는 왜 이제 왔냐고 하시면서 아주 기뻐하셨어요. 그리고 할아버지께서는 저를 친척들에게 ❹ .... 으셨어요/셨어요. 아주 어렸을 때 봤기 때문에 누가 누군지 잘 몰랐어요. 친척들과 ❺ .... 는/은/ㄴ 다음 다 같이 식사를 했어요. 식사를 하면서 친척들과 이런저런 이야기를 하니까 금방 친해졌어요. 한국에 있는 동안 할아버지를 자주 찾아뵈어야겠어요.

2. 다음 [보기]에서 알맞은 말을 골라 빈 칸에 쓰십시오.

[보기] 이사 떡 그렇지 않아도 궁금하다 맛을 보다 부탁하다

❶ 한국에서는 이사를 하면 (이사 떡)을/를 돌리는 풍습이 있다.
❷ 제가 케이크를 만들었는데 한번 ( )으세요/세요.
❸ 혹시 ( )는/은/ㄴ 것이 있으면 저한테 물어보세요.
❹ 저는 아는 사람이 ( )으면/면 거절을 못하는 편이에요.
❺ 전화해 주셔서 고마워요. ( ) 전화하려던 참이었어요.

문법

–으려던 참이다

3. '–으려던 참이다'를 사용해 대화를 완성하십시오.

❶ 가 : 지금 서점에 갈 건데 같이 안 갈래요?

나 : 좋아요. 그렇지 않아도 필요한 책이 있어서 저도 가려던 참이었어요.

❷ 가 : 에어컨 좀 꺼도 돼요?

나 : 네. 저도 ______________________.

너무 오래 켜니까 머리가 아프네요.

❸ 가 : 늦어서 미안해. 음식 주문은 했어?

나 : 아니, ______________________. 넌 뭐 먹을래?

❹ 가 : 자장면이 아직도 안 오는데 다시 전화해 봤니?

나 : 지금 ______________________. 그런데 중국집 전화번호가 몇 번이었지?

❺ 가 : 미선 씨, 지금 집 앞에 도착했는데 빨리 나오세요.

나 : 네, 저도 지금 ______________________. 조금만 기다려 주세요.

❻ 가 : 앉아서 공부만 하니까 졸리네요. 커피 마시러 안 갈래요?

나 : 좋아요. 그렇지 않아도 ______________________.

4. '-으려던 참이다'를 사용해 대화를 완성하십시오.

엄마 : 아침은 먹었니?

아들 : ❶ 지금 막 먹으려던 참이었어요.

엄마 : 10시인데 아직도 안 먹었어? 그럼, 네 방 청소는 다 했지?

아들 : 아직이요, ❷ ______________________________.

엄마 : 지금까지 아무것도 안 했다고? 혹시 너 컴퓨터 게임하는 거 아니야? 빨리 꺼!

아들 : 알겠어요. 저도 지금 ❸ ______________________________.

부인 : 언제 퇴근할 거예요?

남편 : 지금 막 ❹ ______________________________ 으려던/려던 참이야.

부인 : 빨리 오세요. 참, 여행사에 전화해서 비행기 표를 예약했지요?

남편 : 아직. 지금 ❺ ______________________________.

아침에는 시간이 없어서 못 했어.

부인 : 그런데 노래 소리가 들리네요. 지금 어디에 있어요? 사실대로 말해요.

남편 : 응, 사실은 노래방이야.

하지만 지금 ❻ ______________________________. 금방 갈게.

-을 텐데

5. 관계있는 문장을 연결해서 한 문장으로 만드십시오.

거기는 춥습니다. •	• 미리 준비하세요.
백화점은 비쌉니다. •	• 안으로 들어갑시다.
가족들이 걱정합니다. •	• 오늘 밤에 출발합시다.
곧 영화가 시작됩니다. •	• 시장에 가는 게 어때요?
내일 아침은 교통이 복잡합니다. •	• 두꺼운 옷을 가져가세요.
취직할 때 성적 증명서가 필요합니다. •	• 빨리 집에 전화하세요.

❶ 거기는 추울 텐데 두꺼운 옷을 가져가세요.

❷ ______________________.

❸ ______________________.

❹ ______________________.

❺ ______________________.

❻ ______________________.

6. 히로시 씨가 한국에 출장을 왔습니다. 마중 나온 사람과 공항에서 이야기를 합니다. 다음 대화를 완성하십시오.

김준호 : 비행기를 오래 타고 오셔서 힘드시죠?

히로시 : 괜찮습니다. ❶ 바쁘실 텐데 ~~을/ㄹ 텐데~~ 이렇게 마중을 나와 주셔서 고맙습니다.

김준호 : 뭘요. ❷ ________ 을/ㄹ 텐데 가방을 저한테 주세요. 제가 들어 드릴게요.

히로시 : 아닙니다. 괜찮습니다.

김준호 : ❸ ________ 을/ㄹ 텐데 식사부터 할까요?

히로시 : 네, 좋습니다.

(식사 후)

김준호 : 잘 드셨습니까?

히로시 : 네, 맛있게 먹었습니다. 참, 지난번에 말씀 드린 서류 내일까지 부탁 드리겠습니다.
❹ ________ 을/ㄹ 텐데 ______________.

김준호 : 아닙니다. 저희가 해야 할 일인데요.
그럼 호텔로 갈까요? 오늘은 ❺ ________ 을/ㄹ 텐데 푹 쉬세요.

2과 2항

어휘

1. 다음 [보기]에서 알맞은 말을 골라 빈 칸에 쓰십시오.

[보기]	굽을 갈다	다듬다	다림질을 하다
	드라이클리닝하다	염색하다	파마를 하다

❶ 미장원에 가서 파마를 하니까 ~~으니까/니까~~ 다른 사람처럼 보여요.

❷ 다리미가 고장 나서 ______________ 을/ㄹ 수 없었어요.

❸ 머리를 기르려고 하니까 많이 자르지 말고 ______________ 기만 해 주세요.

❹ 흰머리가 너무 많아서 어제 미용실에서 ______________ 었어요/았어요/였어요.

❺ 이런 옷은 물빨래를 하면 안 돼요. 세탁소에서 ______________ 어야/아야/여야 해요.

❻ 구두를 너무 오래 신어서 ______________ 어야/아야/여야 하는데 수선하는 곳이 어디예요?

2. 다음 [보기]에서 알맞은 말을 골라 빈 칸에 쓰십시오.

[보기]	갈색	앞머리	자르다	짙다	찌르다	유행이다

❶ 여름에는 하얀 피부보다 (갈색   ) 피부가 더 건강해 보여요.

❷ (   )이/가 너무 길어서 답답해 보여요.

❸ 속눈썹이 자꾸 눈을 (   )어서/아서/여서 아파요.

❹ 요즘은 긴 치마보다 짧은 치마가 (   )이에요/예요.

❺ 이것 좀 (   )으려고/려고 하는데 가위 좀 빌려 주세요.

❻ 밝은 색 옷은 쉽게 더러워지니까 좀 (   )은/ㄴ 색이 좋을 것 같아요.

문법

-거든요

3. 어떻게 말해야 할까요? '-거든요'를 사용해 상황에 맞게 문장을 만드십시오.

❶ 수선집	바지를 좀 줄여 주세요. ❶ 너무 길거든요.
❷ 구두 가게	좀 더 큰 걸로 보여 주세요. ❷ 이건 좀 ______ 거든요.
❸ 음식점	너무 맵지 않게 해 주세요. ❸ ______ 거든요.
❹ 세탁소	이 옷 내일까지 드라이클리닝해 주세요. ❹ ______.
❺ 약국	두통약 좀 주세요. ❺ ______.
❻ 학교 사무실	학생증을 다시 만들 수 있어요? ❻ ______.

4. 연극 대회의 역할을 정하려고 합니다. '-거든요'를 사용해 문장을 완성하십시오.

역할	이런 사람이면 좋겠어요.
❶ 감독	연극에 대해서 잘 아는 사람
❷ 대본 쓰기	글을 재미있게 쓸 수 있는 사람
❸ 분장	역할에 맞게 화장을 잘 할 수 있는 사람
❹ 음악	여러 종류의 음악에 대해서 잘 아는 사람
❺ 소품 준비	연극에 필요한 물건들을 가지고 있는 사람
❻ 무대	무대를 꾸며 본 경험이 있는 사람

❶ 에릭 : 제가 감독을 할게요. 연극 동아리에서 연극을 많이 해 봤거든요.

❷ 수지 : 저는 대본을 쓸게요. ______.

❸ 유카 : 제가 분장을 맡을게요. ______.

❹ 샤오밍 : 저는 음악을 준비할게요. ______.

❺ 히로시 : 그럼 제가 소품을 준비할게요. ______.

❻ 안드레이 : 무대는 제가 멋있게 꾸밀게요. ______.

YONSEI WORKBOOK 3

-고말고요

5. '-고말고요'를 사용해 대화를 완성하십시오.

❶ 가 : 영화 표가 두 장 생겼는데 같이 갈래?
나 : 그럼, 가고말고. 고마워. 저녁은 내가 살게.

❷ 가 : 지우개 좀 써도 돼?
나 : 그럼, ______________________. 필요할 땐 언제든지 가져가서 써.

❸ 가 : 혹시 밍밍 씨를 아세요?
나 : ______________________. 2급 때 같은 반 친구였어요.

❹ 가 : 결혼하니까 어때요? 남편이 잘 해 줘요?
나 : 그럼요. ______________________. 요즘 정말 행복해요.

❺ 가 : 엄마, 책을 사야 하는데 돈 좀 주실 수 있어요?
나 : 그럼, ______________________. 그 책으로 열심히 공부해서 시험 잘 봐야 한다.

❻ 가 : 내가 바빠서 아르바이트를 그만둬야 하는데 혹시 네가 할 생각이 있니?
나 : ______________________. 그렇지 않아도 아르바이트를 찾고 있었어.

6. '-고말고요'를 사용해 대화를 완성하십시오.

오케이 이삿짐센터

1. 이사 시간 : 오전 5시~오후 8시까지
2. 에어컨, 정수기 설치 무료
3. 못 박기, 그림 걸어 주기
4. 이사 전후 청소 서비스
5. 1주일 전까지 취소하면 100% 환불 가능

올가 : 여보세요? 오케이 이삿짐센터지요? 다음 달에 이사를 할 예정인데 궁금한 게 있어서요. 몇 가지 좀 물어봐도 돼요?

직원 : 네, ❶ 되고말고요. 뭐든지 물어보세요.

올가 : 아침 일찍 이사를 하고 싶은데 가능할까요?

직원 : 그럼요, ❷ ______________ 고말고요. 오전 5시부터 가능합니다.

올가 : 에어컨이 있는데 이사한 집에 다시 설치해 주시나요?

직원 : 그럼요, ❸ ______________ 고말고요.

올가 : 벽에 걸 그림이 좀 많은데 못도 박아 주세요?

직원 : ❹ ______________. 못을 박을 곳만 정해 주세요.

올가 : 광고지를 보니까 이사가 끝나면 청소를 해 주신다고 했는데 정말이에요?

직원 : ❺ ______________.

올가 : 좋아요. 그럼 예약하겠어요. 그런데 혹시 취소하면 돈을 다시 받을 수 있나요?

직원 : ❻ ______________. 하지만 일주일 전에는 연락을 주셔야 해요.

2과 3항

어휘

1. 다음 [보기]에서 알맞은 말을 골라 빈 칸에 쓰십시오.

[보기] 경력자 보수 시간제 이력서 자기소개서 초보자

주인 : 어서 오세요? 무슨 일로 오셨나요?

학생 : 저 아르바이트할 학생을 구한다는 광고를 보고 왔는데요.
사실 이런 일을 한 번도 해 본 적이 없는데……. ❶ 초보자도 가능한가요?

주인 : 네. 물론 이런 일을 해 본 ❷ ________ 이/가 좋기는 하지만 괜찮아요.
열심히 하면 금방 배울 수 있어요.

학생 : 일은 몇 시부터 하나요?

주인 : 우리 가게는 ❸ ________ 이에요/예요. 원하는 시간을 정해서 그때만 하면 돼요.
❹ ________ 은/는 일한 만큼 주고요.

학생 : 그럼 내일부터 할까요?

주인 : 좋아요. 그럼 내일 올 때 자신을 간단히 소개하는 ❺ ________ 와/과 그동안의
경력을 알 수 있는 ❻ ________ 을/를 써 가지고 오세요.

학생 : 알겠습니다. 열심히 일하겠습니다.

2. 다음 [보기]에서 알맞은 말을 골라 빈 칸에 쓰십시오.

[보기] 경험 근무 시간 아르바이트 다들 구하다 힘들어하다

❶ 방학이 되면 (아르바이트)~~을~~/를 찾는 학생들이 많아요.

❷ 작가가 되려면 여러 가지 (   )을/를 많이 쌓아야 해요.

❸ 승연 씨는 일을 잘 하는 데다가 친절해서 (   ) 좋아해요.

❹ 일이 많아서 그런지 태우 씨가 아주 (   )어요/아요/여요.

❺ 우리 회사는 월급은 많은 편인데 (   )이/가 길어서 늘 늦게 끝나요.

❻ 요즘 어렵고 힘든 일은 다 하기 싫어하기 때문에 사람을 (   )기가 아주 어려워요.

문법

-었었다

3. 다음 글을 읽고 밑줄 친 곳을 바꾸십시오.

> 내가 한국에 처음 온 것은 ❶**10년 전이었다.** 이번에는 인천 공항에 내렸지만 그때는 ❷**김포 공항에 내렸다.** 김포 공항에서 나왔을 때 ❸**눈이 왔다.** 눈이 와서 차가 많이 밀렸던 생각이 난다.
>
> 그때 여기는 ❹**아주 조용한 동네였다.** ❺**작고 예쁜 집들이 많았는데…….** 지금은 아파트밖에 없다. 또, 근처에 산이 있어서 ❻**공기도 아주 좋았다.** 지금은 큰길과 높은 건물이 많아져서 교통도 복잡하고 공기도 안 좋은 것 같다.

❶ 내가 한국에 처음 온 것은 10년 전이었었다.

❷ 이번에는 인천 공항에 내렸지만 그때는 ____________.

❸ 김포 공항에서 나왔을 때 ____________.

❹ 그때 여기는 ____________.

❺ ____________.

❻ 또, 근처에 산이 있어서 ____________.

4. 아빠의 어린 시절에 대해서 물었습니다. '-었었다'를 사용해 대답을 완성하십시오.

아빠	할아버지	할머니	아빠 친구 1	아빠 친구 2	작은 아버지
어렸을 때는 책을 아주 좋아해서 늘 책만 읽었다.	날마다 친구들하고 늦게까지 놀아서 자주 야단을 맞았다.	숙제를 안 해서 수업이 끝난 후에 벌로 청소를 한 적이 많았다.	어렸을 때 아주 말랐다. 별명이 갈비였다.	친구들한테 맛있는 것을 잘 사 줘서 인기가 좋았다.	어렸을 때는 동생인 나를 잘 때렸다.

아이 : 아빠는 어렸을 때 어땠어요?

아빠 : ❶ 어렸을 때는 책을 좋아해서 늘 책만 읽었었어. 요즘은 읽을 시간이 없지만.

할아버지 : ❷ ____________.

할머니 : ❸ ____________.

친구1 : ❹ ____________.

친구2 : ❺ ____________.

작은 아버지 : ❻ ____________.

Y O N S E I W O R K B O O K 3

-던데

5. 다음 표를 보고 '-던데'를 사용해 대화를 만드십시오.

서울에서 구경하기 좋은 곳	국립 중앙 박물관, 인사동, 롯데월드
전망이 좋은 곳	63빌딩, N서울타워, 워커힐 호텔
당일로 여행하기 좋은 곳	강화도, 남이섬, 인천, 판문점
외국인이 먹기에 좋은 음식	갈비, 불고기, 비빔밥, 삼겹살, 잡채
생일 선물로 많이 주는 것	귀걸이, 꽃, 옷, 와인, 책, 케이크
쇼핑하기 좋은 곳	남대문 시장, 동대문 시장, 백화점, 면세점

❶ 가 : 내일 친구가 서울에 오는데 어디에 가면 좋을까요?
나 : 국립 중앙 박물관에 볼 것이 많던데 거기에 가 보세요.

❷ 가 : 전망이 좋은 곳에서 데이트를 하고 싶은데 어디가 좋은지 아세요?
나 : ....

❸ 가 : 당일로 여행을 가려고 하는데 어디가 좋을까요?
나 : ....

❹ 가 : 외국에서 손님이 오시는데 무슨 음식을 준비하는 게 좋을까요?
나 : ....

❺ 가 : 모레가 여자 친구 생일인데 무슨 선물을 사야 할지 모르겠어요.
나 : ....

❻ 가 : 친구가 같이 쇼핑을 하자고 하는데 어디로 갈까요?
나 : ....

6. 두 사람이 데이트를 합니다. 다음 대화를 완성하십시오.

남자 : 어디로 갈까요? ❶ 요즘 재미있는 영화가 많던데 극장에 갈까요?

여자 : 오늘은 날씨도 좋은데 답답한 극장보다 롯데월드가 어때요?
❷ ______________________던데 거기에 가요.

남자 : 거기는 입장료가 ❸ ____________던데 연세 공원이 어때요? 돈도 안 들고 산책하기도 좋으니까 거기로 가요.

(산책 후)

남자 : 좀 걸으니까 배가 고픈데요. 저기 보이는 저 중국집 어때요?
❹ ______________________던데 저 집으로 갑시다.

여자 : 그 옆에 있는 음식점이 보이시죠?
지난번에 가 보니까 ❺ __________________던데 거기로 가요.
분위기도 좋고요.

(식사 후)

남자 : 오늘 데이트 아주 즐거웠습니다. 다음 주말에도 시간이 있어요?

여자 : 네, 시간이 있어요. 그런데 저, 부탁이 있어요.
지난번에 같이 만났던 친구가 ❻ ________________던데 다음에 같이 나올 수 있나요?

남자 : 뭐, 뭐라고요?

2과 4항

어휘

1. 다음 [보기]에서 알맞은 말을 골라 빈 칸에 쓰십시오.

[보기]	고장 나다	사용 설명서를 읽다
	서비스 센터에 맡기다	서비스 센터에서 찾다
	수리를 받다	전화로 문의하다

가 : 제 카메라가 ❶ 고장 난 ~~은/ㄴ~~ 것 같아요.
나 : 그럼 ❷ 먼저 ________________ 어/아/여 보세요. 다 읽어 본 후에 고장인 것 같으면 서비스 센터에 ❸ ________________ 어/아/여 보세요. 전화하면 자세히 가르쳐 줄 거예요.
가 : 진짜 고장이면 제가 직접 ❹ ________________ 어야/아여/여야 하나요?
나 : 카메라처럼 작은 건 직접 가지고 가야 해요.
가 : 그렇군요. 그런데 한국에서 산 것이 아닌데 ❺ ________________ 을/ㄹ 수 있을까요?
나 : 아마 받을 수 있을 거예요.
가 : 수리가 끝나면 찾으러 가야겠지요?
나 : 직접 ❻ ________________ 을/ㄹ 수도 있지만 돈을 내면 택배로도 받을 수 있을 거예요.
가 : 그래요? 그러면 그렇게 해야 되겠네요.

2. 다음 [보기]에서 알맞은 말을 골라 빈 칸에 쓰십시오.

[보기]	무료	비용	걸리다	구입하다	맡기다	수리하다

❶ 전화가 (걸리)기는 하지만 상대방의 목소리가 잘 안 들려요.
❷ 우리 집 목욕탕을 (   )고 싶은데 돈이 너무 많이 들어요.
❸ 평일에 결혼을 하면 결혼식 (   )을/를 줄일 수가 있대요.
❹ 오만 원 이상 물건을 사시면 (   )으로/로 배달해 드립니다.
❺ 컴퓨터를 새로 (   )으려고/려고 하는데 어느 회사 제품이 좋아요?
❻ 짐이 무거워서 들고 다니기가 힘이 드는데 혹시 짐을 (   )는/은/ㄴ 곳이 있어요?

문법

피동사

3. 다음 중 맞는 것에 ○표 하십시오.

❶ 바다가 (보는, (보이는)) 방으로 주세요.

❷ 고양이가 개한테 (쫓고, 쫓기고) 있어요.

❸ 벌레한테 (물렸을, 물었을) 때 이 약을 바르세요.

❹ 밸런타인데이에는 초콜릿이 많이 (팔려요, 팔아요).

❺ 선물을 사러 백화점에 갔는데 문이 (닫아, 닫혀) 있었어요.

❻ 오래간만에 운동을 하니까 스트레스가 (풀렸어요, 풀었어요).

4. 다음 글을 읽고 주어진 동사를 알맞은 형태로 바꿔 쓰십시오.

등산을 하다가 산 속에서 길을 잃었다. 한참 헤매다 보니까 밤 12시가 다 되었다. 그런데 저쪽에 집이 하나 ❶ 보였다 ~~었다/았다/였다~~. 좀 기분이 이상했지만 벨을 (보다) 눌렀다. 어떤 사람이 나오는 소리가 ❷ ________ 었다/았다/였다. 그리고 문이 (듣다) ❸ ________ 었다/았다/였다. (열다)

"으악"

YONSEI WORKBOOK 3

하얀 한복을 입고 머리가 긴 여자가 나왔다. 그 여자 품에는 까만 고양이가 ❹ ________ (안다) 어/아/여 있었다.

"저, 실례지만 여기서 하룻밤만 잘 수 있을까요?"

"피곤하실 텐데 들어오세요."

그 여자가 안내한 방으로 갔다. 벽에는 이상한 여자의 그림이 ❺ ________ (걸다) 어/아/여 있었고 방에는 먼지가 가득 ❻ ________ (쌓다) 어/아/여 있었다. 잠을 자려고 누웠지만 잠이 오지 않았다.

겨우 잠이 들었는데 새벽 2~3시쯤 이상한 소리가 들려서 깼다. 문을 조금 열어 보니까 사람들이 빨간 물을 마시는데 꼭 피 같았다. 나는 너무 놀라서 창문으로 나갔다. 한참 뛰어가는데 그 집의 주인이 쫓아왔다. 결국 나는 그 주인에게 ❼ ________ (잡다) 었다/았다/였다.

주인은 나한테 "손님, 방값은 내고 가세요." 라고 말하면서 종이 한 장을 주었다. 거기에는 이렇게 ❽ ________ (쓰다) 어/아/여 있었다.

(저희 귀신 펜션을 이용해 주셔서 감사합니다. 저희 펜션에서는 무섭지 않으면 돈을 받지 않습니다.)

"으악"

더 놀라운 것은 하룻밤 방값이었다. 하루에 30만 원이었다.

-어 놓다

5. 다음 표를 보고 '-어 놓다'를 사용해 대화를 완성하십시오.

〈신데렐라 도와주기〉

파티에 가기 전에 해야 할 일	파티에 가기 위해 한 일
시장에 가서 장보기 → 쥐 청소기 돌리기 → 고양이 다림질하기 → 개	파티에 입고 갈 드레스 만들기 → 쥐 유리 구두 사기 → 고양이 타고 갈 자동차 빌리기 → 개

신데렐라는 오늘 파티에 가고 싶지만 할 일이 너무 많습니다.
그런데 착한 동물 친구들이 도와주겠다고 합니다.

쥐 : 신데렐라야, 어서 파티에 갈 준비를 해.

신데렐라 : 아직 집안일을 하나도 못 했는데 어떻게 파티에 갈 수 있겠니?

쥐 : 걱정하지 마. ❶ 내가 시장에 가서 장을 봐 놓을게.

고양이 : ❷ ______________________________.

개 : ❸ ______________________________.

신데렐라 : 고마워. 그런데 파티에 가려면 드레스를 만들어야 하는데…….

쥐 : 그래서 내가 ❹ ____________________어/아/여 놓았어.

고양이 : ❺ ______________________________.

개 : ❻ ______________________________.

하지만 자동차는 12시까지 돌려줘야 하니까 12시 전에 꼭 돌아와야 해.

YONSEI WORKBOOK 3

6. 오늘이 어머니 생신이어서 태우와 태준 씨는 생신 파티 준비를 했습니다. 두 사람이 한 일은 무엇입니까? '-어 놓다'를 사용해 문장을 만드십시오.

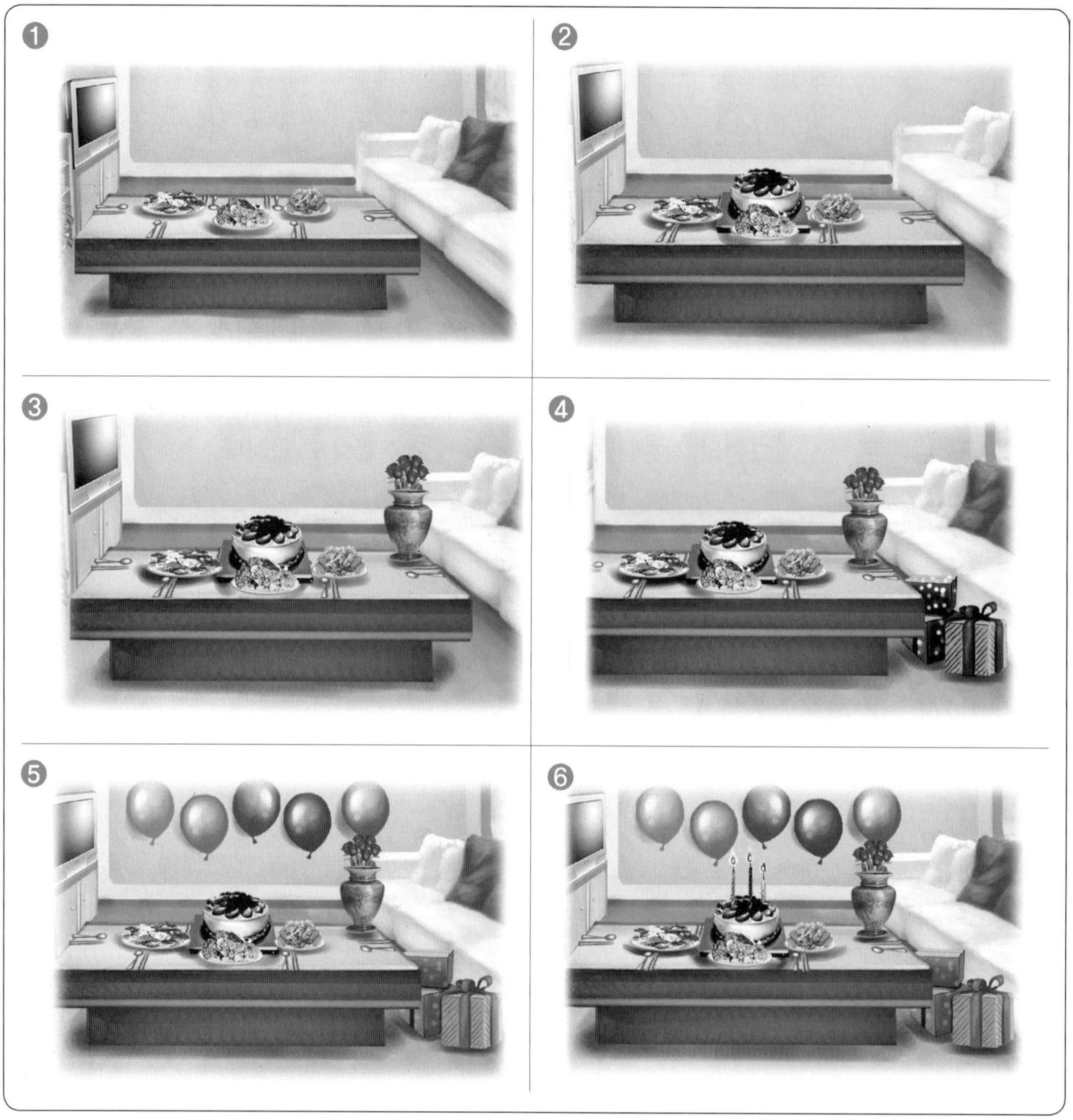

두 사람은 생신 파티를 하려고

① 상을 차려 놓았습니다.

② ....

③ ....

④ ....

⑤ ....

⑥ ....

2과 5항

어휘와 문법

1. 관계있는 말을 [보기]에서 골라 쓰십시오.

[보기] 고장 나다 / 구두를 닦다 / 굽을 갈다 / 다림질하다 / 드라이클리닝하다 / 머리를 다듬다 / 수리하다 / 염색하다 / 짐을 싸다 / 짐을 옮기다

❶ 세탁소 ....
❷ 이삿짐센터 ....
❸ 미장원 ....
❹ 구둣방 ....
❺ 서비스 센터 ....

2. 관계있는 말을 [보기]에서 골라 쓰십시오.

[보기] 경험 / 인사 / 구입하다 / 구하다 / 궁금하다 / 맡기다 / 수리하다 / 짙다

시험 결과가 .... 고향 소식이 .... ❶	색이 .... 화장이 .... ❷	새 차를 .... 집을 .... ❸	.... 이/가 많다 .... 을/를 쌓다 ❹ ....
일자리를 .... 하숙집을 .... ❺	일을 .... 물건을 .... ❻	컴퓨터를 .... 화장실을 .... ❼	.... 을/를 받다 .... 을/를 하다 ❽ ....

3. 다음 대화를 완성하십시오.

❶ 가 : 벌써 9시가 다 되어 가는데 학교에 안 가니?
나 : 지금 막 .... 으려던/려던 참이었어요.

❷ 가 : .... 을/ㄹ 텐데 이렇게 초대해 주셔서 감사합니다.
나 : 뭘요, ... 을/ㄹ 텐데 이렇게 와 주셔서 제가 더 감사해요.

❸ 가 : 휴일인데 왜 도서관에 가세요?
나 : .... 거든요.

❹ 가 : 이번 주말에 내 생일 파티를 하려고 하는데 올 수 있지?
나 : 그럼, ... 고말고. 그런데 무슨 선물을 받고 싶니?

❺ 가 : 김 선생님을 만나야 하는데, 어디에 계시는지 아세요?
나 : .... 던데 거기로 가 보세요.

❻ 가 : 새로 생긴 공원이 아주 좋네요. 그런데 공원이 생기기 전에는 뭐였어요?
나 : 여기가 전에는 .... 이었었어요/였었어요.

❼ 가 : 안경을 쓰셨네요.
나 : 네, 칠판 글씨가 잘 안 .... 어서요/아서요/여서요.

❽ 가 : 요즘 텔레비전 광고에 나오는 휴대 전화기를 사고 싶은데요.
나 : 죄송해요, 손님. 그건 나오자마자 다 .... 었어요/았어요/였어요.

❾ 가 : 방에서 담배 냄새가 많이 나네요.
나 : 그래서 .... 어/아/여 놓았어요.

❿ 가 : 제가 없는 동안 전화 온 거 없었어요?
나 : 회사에서 전화가 와서 .... 어/아/여 놓았어요.

4. 다음 중 맞는 문장에 ○표 하십시오.

❶ 아기가 엄마한테 자꾸 안으려고 해요. ( )
아기가 엄마한테 자꾸 안기려고 해요. ( )

❷ 경찰이 도둑을 잡으려고 쫓아갑니다. ( )
경찰이 도둑을 잡히려고 쫓아갑니다. ( )

❸ 잠을 많이 잤는데도 피로가 풀지 않아요. ( )
잠을 많이 잤는데도 피로가 풀리지 않아요. ( )

❹ 모기한테 물면 가려워서 잘 수가 없어요. ( )
모기한테 물리면 가려워서 잘 수가 없어요. ( )

❺ 창문을 열고 밖을 보니까 놀고 있는 아이들이 봅니다. ( )
창문을 열고 밖을 보니까 놀고 있는 아이들이 보입니다. ( )

❻ 손님이 오시면 바쁘니까 미리 음식을 그릇에 담아 놓으세요. ( )
손님이 오시면 바쁘니까 미리 음식을 그릇에 담겨 놓으세요. ( )

듣기 연습

CD: 04~06

1. 이야기를 듣고 질문에 대답하십시오.

1) 다음 표를 완성하십시오.

	아르바이트를 하려는 이유	아르바이트를 해서 받은 돈으로 하고 싶은 것
1위		부모님 선물 구입
2위	학비를 벌기 위해서	
3위		

2. 이야기를 듣고 질문에 대답하십시오.

1) 다음 중에서 맞는 것을 고르십시오. ( )

❶ 비가 왔지만 등산을 가기로 해서 갔다.
❷ 등산을 할 때 휴대 전화기가 떨어져서 물에 빠졌다.
❸ 휴대 전화는 1시간 만에 수리가 됐다.
❹ 휴대 전화를 수리하려면 돈이 많이 든다.

2) 왜 '배보다 배꼽이 크다'라고 했습니까? 쓰십시오.

....

3. 이야기를 듣고 질문에 대답하십시오.

1) 이사 떡을 모두에게 돌린 이유는 무엇입니까? 두 가지를 쓰십시오.

❶ ....

❷ ....

2) 이사 떡을 받은 사람들의 반응은 어땠습니까? <u>아닌</u> 것을 고르십시오. (　　　　)

❶ 반가워하는 사람들이 많았다.
❷ 자기 집으로 초대한 사람도 있다.
❸ 누구냐고 하면서 문을 열어 주지 않는 사람도 있었다.
❹ 다른 것을 갖다 주면서 잘 지내자고 하는 사람도 있었다.

읽기 연습

1. 다음 글을 읽고 질문에 대답하십시오.

집에 노는 휴대 전화기 없으세요?
"쓰던 휴대 전화기를 모아 환경오염을 줄입시다."

이동 통신 회사들은 다음 달 1일부터 중고 휴대 전화기를 모으는 캠페인을 시작하기로 하고 전국의 휴대 전화 대리점과 대형 마트, 그리고 초·중·고등학교를 통해서 중고 휴대 전화기를 모으기로 했다. 이동 통신 회사들은 이 캠페인에 참여하는 사람들에게 문자 메시지 100건 무료 이용권을 주고 자동차와 노트북 컴퓨터를 받을 수 있는 기회도 주기로 했다. 이것은 집안에서 돌아다니는 중고 휴대 전화기를 모아 재활용도 하고 환경오염도 막자는 것이라고 설명했다. 그동안 이동 통신 회사들은 쓰던 전화기를 가져오면 1만 원~3만 원을 줬다. 하지만 이렇게 모아지는 것이 얼마 되지 않아 휴대 전화기가 자원을 낭비하고 환경오염을 일으킨다는 말을 들을 수밖에 없었다.

1) 중고 휴대 전화기를 모으는 곳이 <u>아닌</u> 곳은 어디입니까? (　　　　)

❶ 이동 통신 회사　　❷ 대학교　　❸ 휴대 전화 대리점　　❹ 대형 마트

2) 이동 통신 회사들은 중고 휴대 전화기를 가져오는 사람에게 어떻게 하기로 했습니까? 맞는 것을 고르십시오. (　　　　)

❶ 휴대 전화를 무료로 수리해 준다.
❷ 자동차를 받을 수 있는 기회를 준다.
❸ 쓰던 노트북 컴퓨터를 새 컴퓨터로 교환해 준다.
❹ 문자 메시지를 무료로 얼마든지 이용할 수 있게 해 준다.

3) 이렇게 중고 휴대 전화기를 수거하는 목적은 무엇입니까? 두 가지를 쓰십시오.

❶ ....

❷ ....

말하기 · 쓰기 연습

1. 배운 문법을 사용해 친구에게 질문하고 대답하십시오.

질문	친구 1	친구 2
❶ 이사를 하기 전에 해 놓아야 할 일이 뭐예요? (–어 놓다) 새집에 필요한 물건을 사야 하는데 어디가 좋아요? (–던데) 이사가 끝나면 집들이를 할 테니까 꼭 오세요. (–을 텐데)		
❷ 지금 머리 모양이 마음에 들어요? 그 전에는 어떤 모양이었었어요? (–었었다)		
❸ 지금 아르바이트를 하세요? 어떻게 그걸 하게 되었어요? 하고 싶은 아르바이트가 있어요? (–거든요)		
❹ 서비스 센터에 가 본 적이 있어요? 무슨 일로 갔어요? (–고말고요, –거든요)		

2. 다음 글을 읽고 어떻게 하면 좋을지 써 보십시오. 그리고 친구와 같이 이야기해 보십시오.

한국에 와서 기숙사에서 살다가 얼마 전에 원룸으로 이사했어요. 기숙사가 좋은 점도 있지만 불편한 점도 많았어요. 특히 두 사람이 같이 방을 쓰는 것이 좀 불편했어요. 그래서 부모님이 보내 주신 돈과 아르바이트를 해서 모은 돈으로 작지만 깨끗한 방을 구했어요. 얼마나 기뻤는지 몰라요. 그런데 그 기분도 잠깐, 그날 밤부터 달라졌어요. 위층에 사는 사람이 너무 시끄러워서 잠을 잘 수가 없었어요. 밤 늦게 들어와서 샤워하는 소리, 음악 소리, 걸어다니는 소리 등등. 다음날 위층에 올라가서 이야기했어요. 그 사람은 아르바이트 때문에 늦게 돌아와서 그랬다고 했어요. 앞으로 조용히 하겠다고도 했고요. 하지만 그날 이후에도 달라지지 않았어요. 매일 12시쯤 되면 시끄러운 소리가 나요. 어떻게 해야 할까요?

쉼터 1 - 단어 게임

다음 표에서 단어를 찾으십시오. 많이 찾은 사람이 이깁니다.

가	나	다	라	마	바	사	아	자	차
게	재	비	시	디	지	하	파	타	카
거	위	치	즈	스	오	리	트	루	본
겨	뒤	과	약	운	반	안	탄	간	단
고	래	난	만	동	구	부	무	장	상
교	과	솨	공	화	두	참	우	주	자
경	건	자	책	원	쇠	외	되	최	셔
규	주	먹	적	척	턱	독	복	부	츠
그	갈	울	보	소	금	수	숭	마	산
기	분	비	빔	방	년	리	아	어	늘

1. 동물 이름을 찾아 보십시오.

2. 물건 이름을 찾아 보십시오.

3. 음식 이름을 찾아 보십시오.

4. 지역 이름을 찾아 보십시오.

5. 그 밖의 알고 있는 단어를 찾아 보십시오

제3과 건강

3과 1항

어휘

1. 다음 [보기]에서 알맞은 말을 골라 빈 칸에 쓰십시오.

[보기] 고혈압 불면증 비만 스트레스 운동 부족 흡연

① 가 : 회사일 때문에 신경을 많이 쓰니까 머리도 아프고 식욕도 없어요.
나 : (스트레스) 때문입니다. 마음을 편하게 하시고 좀 쉬세요.

② 가 : 요즘 통 잠을 잘 수가 없어요.
나 : ( )인 것 같습니다. 이 약을 드시면 잘 주무실 수 있을 겁니다.

③ 가 : 의사 선생님, 제 아이가 어떻습니까?
나 : 키에 비해서 몸무게가 너무 많이 나갑니다.
이렇게 계속 살이 찌면 ( ) 아동이 될 수 있습니다.

④ 가 : 제 혈압이 다른 사람보다 높지요?
나 : 네, 아주 높습니다. ( )이니까/니까 조심하셔야 합니다.

⑤ 가 : 선생님, 제가 담배를 꼭 끊어야 하나요?
나 : 물론이지요. ( )처럼 건강에 나쁜 것은 없어요.

⑥ 가 : 요즘 몸무게가 자꾸 늘어서 고민이에요. 혹시 무슨 병이 있는 게 아닐까요?
나 : 운동을 안 하지요? 특별한 병은 아니고 ( )인 것 같군요.
내일부터 운동을 시작하십시오.

2. 다음 [보기]에서 알맞은 말을 골라 빈 칸에 쓰십시오.

[보기]	과로	안색	뭐니 뭐니 해도	몸살이 나다	무리하다	잃다

❶ 직장인들 중에는 과로~~으로~~/로 쓰러지는 사람들이 많다.

❷ 진수 씨의 ____________ 이/가 안 좋네요. 아픈가 봐요.

❸ 한국의 대표적인 음식은 ____________ 김치예요.

❹ 아무리 돈이 많아도 건강을 ____________ 으면/면 소용이 없다.

❺ 아직은 병이 다 나은 것이 아니니까 너무 ____________ 지 마십시오.

❻ 어제 하루 종일 추운 곳에서 떨어서 그런지 ____________ 었다/았다/였다.

문법

-어야

3. 다음 문장을 '-어야'를 사용해 바꾸십시오.

❶ 한국말을 잘 하려면 연습을 많이 해야 해요.

→ 연습을 많이 해야 한국말을 잘 할 수 있어요.

❷ 비행기를 타려면 여권이 있어야 해요.

→ .... 어야/아야/여야 ....

❸ 좋은 자리에 앉으려면 일찍 가야 합니다.

→ .... 어야/아야/여야 ....

❹ 회의를 시작하려면 사장님이 오셔야 합니다.

→ ....

❺ 수업을 들으려면 오늘까지 등록해야 합니다.

→ ....

❻ 운전면허 시험을 보려면 18세 이상이 되어야 합니다.

→ ....

4. 다음 그림을 보고 '-어야'를 사용해 문장을 만드십시오.

〈최고의 상을 받은 방법이 뭐예요?〉

❶

과학자

❷

맛있는 음식을 만드는
요리사

❸

올림픽에서
금메달을 딴 선수

❹

슈퍼 모델 대회에서
1등을 한 여자

❺

자동차를
제일 많이 판 사람

❻

좋은 영화를 많이
만든 영화감독

❶ 과학자 : 하루도 쉬지 않고 연구해야 좋은 결과를 얻을 수 있어요.

❷ 요리사 : ....

❸ 금메달을 딴 선수 : ....

❹ 슈퍼 모델 대회에서 1등한 여자 : ....

❺ 자동차를 제일 많이 판 사람 : ....

❻ 좋은 영화를 많이 만든 영화감독 : ....

-는다면

5. 여러분이 다음과 같은 상황이라면 어떻게 하겠습니까? 알맞은 대답을 쓰십시오.

상황	하고 싶은 일	대답
❶ 돈과 시간이 많다.	☑ 세계 여행을 한다. ☐ 갖고 싶었던 것을 산다.	돈과 시간이 많다면 세계 여행을 하고 싶어요.
❷ 고등학교 때로 다시 돌아간다.	☐ 재미있게 논다. ☐ 공부를 열심히 한다.	
❸ 앞으로 1년밖에 살 수 없다.	☐ 남은 시간을 가족과 같이 보낸다. ☐ 하지 못했던 일을 한다.	
❹ 내가 부모이다.	☐ 공부하라고 하지 않는다. ☐ 야단치지 않는다.	
❺ 아무도 없는 섬에 혼자 간다.	☐ 컴퓨터를 가지고 간다. ☐ 강아지를 데리고 간다.	
❻ 옛날 사람을 만날 수 있다.	☐ 세종대왕을 만나고 싶다. ☐ 돌아가신 할아버지를 만나고 싶다.	

6. '-는다면'을 사용해 대화를 완성하십시오.

❶ 가 : 네가 선생님이면 어떻게 할 거야?
나 : 내가 선생님이라면 시험을 보지 않겠어.

❷ 가 : 복권에 당첨되면 무엇을 하고 싶어요?
나 : ________________ 는다면/ㄴ다면 ________________.

❸ 가 : 이 세상에서 전쟁이 없어지면 어떨까요?
나 : ________________________________.

❹ 가 : 한국말을 한국 사람처럼 잘 하면 뭘 하고 싶어요?
나 : ________________________________.

❺ 가 : 옛날로 돌아갈 수 있으면 언제로 돌아가고 싶어요?
나 : ________________________________.

❻ 가 : 남자/여자로 다시 태어나면 가장 하고 싶은 것이 뭐예요?
나 : ________________________________.

3과 2항

어휘

1. 다음 [보기]에서 알맞은 말을 골라 빈 칸에 쓰십시오.

[보기] 생기다 쌓이다 소모하다 줄다 풀리다

회사 일 때문에 늘 피로가 ❶ 쌓여 ~~아/어/여~~ 있는 직장인 여러분!
살이 찐다고 걱정만 하지 말고 운동을 시작해 보세요.
언제, 어디서나 간단히 할 수 있는 운동 기구가 나왔습니다.
이것으로 하루 30분, 2주일만 운동을 하시면 2kg 이상 체중이 ❷ ________ 고 한 달 후에는 팔뚝에 멋진 근육이 ❸ ________ 을/ㄹ 겁니다.
하루 30분 운동으로 달리기를 1시간 하는 만큼의 열량을 ❹ ________ 을/ㄹ 수 있습니다. 멋진 내 몸을 보면 그동안에 쌓였던 모든 스트레스가 ❺ ________ 을/ㄹ 겁니다.
지금 당장 전화 주세요.

2. 다음 [보기]에서 알맞은 말을 골라 빈 칸에 쓰십시오.

[보기] 노력 식욕 깨우다 상쾌하다 생기다 유지하다

❶ 친구들이 많이 (생겨서)~~아서/어서/여서~~ 학교생활이 재미있어요.
❷ 요즘 ( )이/가 없어서 통 먹을 수가 없어요.
❸ 열심히 ( )을/를 하면 좋은 결과가 올 거예요.
❹ 좋은 성적을 계속 ( )으려면/려면 열심히 공부해야 해요.
❺ 땀을 흘려 운동을 한 후에 샤워를 하면 기분이 ( )어요/아요/여요.
❻ 엄마가 저를 ( )었지만/았지만/였지만 제가 일어나지 않아서 지각했어요.

문법

-어야지요

3. '-어야지요'를 사용해 대화를 완성하십시오.

❶ 가 : 내일이 시험인데 아직 시작도 못 했어요. 어떻게 하지요?

나 : 미리미리 준비를 해야지요 ~~어야지요/아야지요/여야지요~~.

❷ 가 : 피곤해서 그냥 자고 싶어요.

나 : 그래도 하던 일은 끝내고 ______________ 어야지요/아야지요/여야지요.

❸ 가 : 중요한 약속이 있었는데 잊어버렸어요.

나 : 그런 중요한 약속은 ______________ 어야지요/아야지요/여야지요.

❹ 가 : 부모님께 전화한 지 벌써 한 달이 넘었어요.

나 : ______________________________.

❺ 가 : 용돈을 받은 지 일주일밖에 안 됐는데 벌써 다 썼어요.

나 : ______________________________.

❻ 가 : 책을 빌린 지 한 달이 지났는데도 아직까지 반납을 못했어요.

나 : ______________________________.

4. 다음 그림을 보고 '-어야지요'를 사용해 대화를 완성하십시오.

❶ 가 : 대학교에 꼭 입학하고 싶어요.

나 : 그럼 공부를 열심히 해야지요.

❷ 가 : 날씬해지고 싶어요.

나 : ________________.

❸ 가 : 빨리 승진하고 싶어요.

나 : ________________.

❹ 가 : 저는 통역사가 되는 것이 꿈이에요.

나 : ________________.

❺ 가 : 담배만 피우면 목이 아프고 기침이 나요.

나 : ________________.

❻ 가 : 자동차로 우리나라 여기저기를 여행하고 싶어요.

나 : ________________.

사동사

5. 다음 그림을 보고 문장을 완성하십시오.

❶ 동생이 음식을 ______남겼어요______ ~~었어요/았어요/였어요~~.

❷ 영수가 모기를 ____________ 었어요/았어요/였어요.

❸ 아빠가 아기를 ____________ 었어요/았어요/였어요.

❹ 수지가 택시를 ____________ 었어요/았어요/였어요.

❺ 올가 씨가 할머니를 차에 ____________ 었어요/았어요/였어요.

❻ 내가 친구한테 가방을 ____________ 었어요/았어요/였어요.

6. 다음 문장을 완성하십시오.

❶ 다른 사람의 시험지를 보면 안 돼요. 물론 다른 사람한테 시험지를 ___보여___ ~~어/아/여~~ 주는 것도 안 되고요.

❷ 아이들은 혼자서 옷을 못 벗으니까 어머니들께서는 아이의 옷을 ____________ 어/아/여 주세요.

❸ 아이들이 밥을 잘 안 먹을 때 엄마들이 따라다니면서 아이들한테 밥을 ____________ 어/아/여 주는데 그것은 좋지 않습니다.

❹ 할머니가 그 사실을 알면 놀라실 테니까 할머니께는 ____________지 마세요.

❺ 고기를 삶으려면 먼저 물을 ____________으세요/세요. 물이 끓으면 고기를 넣으세요.

❻ 아이들은 늦게 자면 키가 안 큰대요. 일찍 ____________으세요/세요.

3과 3항

어휘

1. 다음 식품은 어디에 속하는지 쓰십시오.

[보기] 곡류 생선류 육류 발효 식품 인스턴트 식품

종류	식품	열량
❶ 곡류	밥 1공기	149kcal
❷	김치 100g	67kcal
❸	생선 1마리	250kcal
❹	햄버거 1개	458kcal
❺	소고기 100g	250kcal

2. 다음 [보기]에서 알맞은 말을 골라 빈 칸에 쓰십시오.

[보기] 건강식 김장 귀찮다 대표적이다 번거롭다 손이 많이 가다

❶ 날마다 일기를 쓰는 것은 좀 (귀찮)지만 한국어 공부에 큰 도움이 돼요.

❷ 바쁘실 텐데 ( )게 해 드려서 죄송합니다.

❸ 동대문은 조선 시대의 ( )는/은/ㄴ 건축물이에요.

❹ 영양제를 먹는 것보다 ( )을/를 먹는 게 더 좋아요.

❺ 예전에는 겨울이 오기 전에 ( )을/를 하는 것이 주부들의 가장 큰 일이었어요.

❻ 약과는 ( )는/은/ㄴ 음식이지만 맛도 좋고 영양도 풍부해서 많은 사람들이 좋아한다.

문법

이라든가

3. 다음 표를 보고 '이라든가'를 사용해 질문에 대답하십시오.

학용품	장난감	책	액세서리	생활용품	건강식품
공책	공	소설	반지	커피 메이커	인삼
연필	자동차	잡지	목걸이	커피 잔	꿀
필통	북	만화책	귀걸이	액자	녹차

❶ 가 : 초등학교에 입학하는 조카가 있는데 무슨 선물이 좋을까요?
나 : 연필이라든가 필통 같은 학용품을 사 주는 게 좋을 것 같아요.

❷ 가 : 세 살짜리 아이한테 무슨 선물을 하면 좋을까요?
나 : ....이라든가/라든가 .... 같은 ....

❸ 가 : 병원에 입원해 있는 친구한테 가려고 하는데 뭘 가지고 가는 게 좋을까요?
나 : ....이라든가/라든가 .... 같은 ....

❹ 가 : 곧 여자 친구의 생일인데 무슨 선물을 받으면 기뻐할까요?
나 : ....이라든가/라든가 .... 같은 ....

❺ 가 : 다음 달에 친구가 결혼을 하는데 무슨 선물이 좋을까요?
나 : ....

❻ 가 : 다음 주 토요일이 할머니 생신인데 무슨 선물을 사는 게 좋을까요?
나 : ....

4. '이라든가'를 사용해 질문에 대답하십시오.

❶ 가 : 한국 사람들은 어디에서 결혼식을 많이 해요?
나 : 예식장이라든가 교회 같은 곳에서 많이 해요.

❷ 가 : 시간이 나면 뭘 해요?
나 : ....

❸ 가 : 무슨 운동을 좋아해요?
나 : ....

❹ 가 : 어떤 음료수를 준비할까요?
나 : ....

❺ 가 : 신혼여행은 어디로 많이 가요?
나 : ....

❻ 가 : 시험을 보는 친구에게 어떤 선물을 해요?
나 : ....

-는다고 하던데

5. 다음을 보고 대화를 완성하십시오.

❶

가 : 한국 사람들이 가장 좋아하는 중국 음식은 자장면이라고 ~~는다고/다고/으라고/자고/냐고~~ 하던데 한번 먹어 볼까요?

나 : 좋아요. 저도 한번 먹어 보고 싶었어요.

❷

가 : 민우 씨가 .... 는다고/다고/으라고/자고/냐고 하던데 갈 거예요?

나 : 그럼요. 가서 축하해 줘야지요.

❸

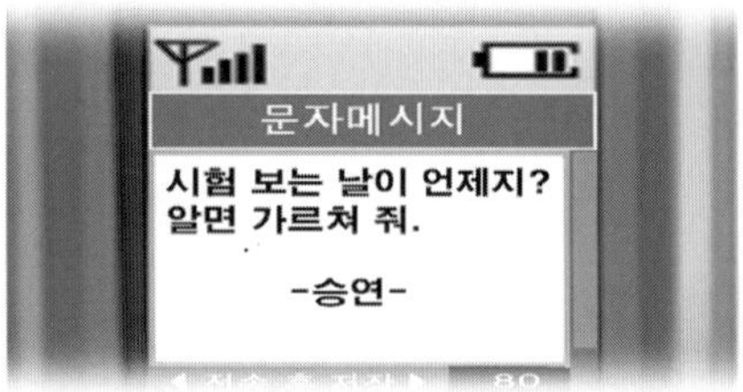

가 : .... 는다고/다고/으라고/자고/냐고 하던데 아세요?

나 : 이번 주 수요일 아니에요?

❹

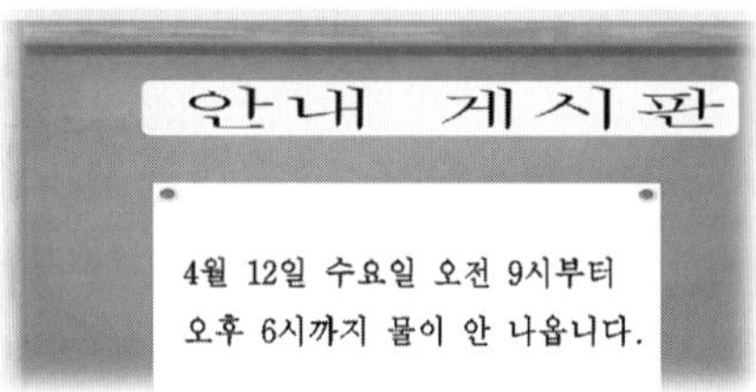

가 : .... 는다고/다고/으라고/자고/냐고 하던데 .... ?

나 : 네. 저도 어제 안내문을 보고 알았어요.

❺

가 : .... 는다고/다고/으라고/자고/냐고 하던데 .... ?

나 : 저쪽으로 똑바로 가세요.

❻

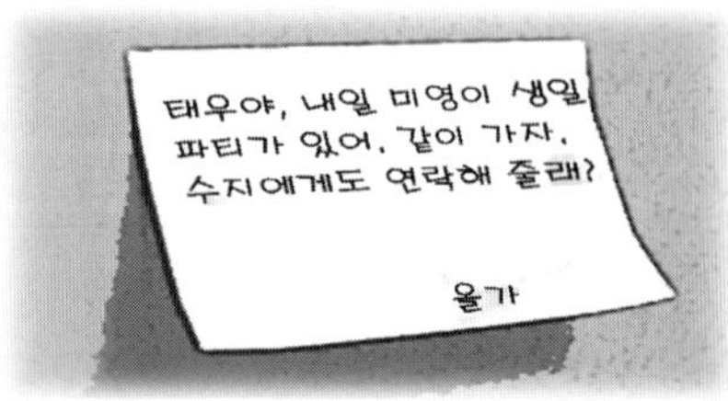

태우 : .... 는다고/다고/으라고/자고/냐고 하던데 .... ?

수지 : 미안해. 나는 약속이 있어서 못 가.

6. '-는다고 하던데'를 사용해 대화를 완성하십시오.

제주도

- 유명한 곳 : 한라산, 우도(바다가 아름다운 섬), 귤 농장
- 맛있는 음식 : 돼지고기, 생선회, 전복죽, 해물 뚝배기
- 숙박지 : 신라 호텔, 롯데 호텔, 바다 펜션, 제주 민박
- 선물 : 귤, 파인애플, 돌하르방(돌로 만든 인형)

에릭 : 우리 제주도에 가서 뭘 할까?

샤오밍 : ❶ 한라산이 아주 멋있다고 하던데 하루는 등산을 하면 어때?

에릭 : 좋아. 그럼 등산을 한 다음엔 바다에 가자.

❷ ....

샤오밍 : 그래, 그러자. 그런데 제주도에 가서 뭘 먹지?

에릭 : ❸ ....

그런데 잠은 어디에서 잘까?

샤오밍 : ❹ ....?

에릭 : 호텔은 너무 비싸지 않아?

❺ ....

샤오밍 : 그래. 그럼 네가 예약해.

제주도엔 유명한 물건이 많다고 하던데 선물로 뭘 사 오는 게 좋을까?

에릭 : ❻ ....

샤오밍 : 좋아, 그러자. 친구들한테 주면 좋아할 거야.

3과 4항

어휘

1. 다음 [보기]에서 알맞은 말을 골라 빈 칸에 쓰십시오.

[보기] 과식 소식 육식 채식 편식 식습관

❶ 너무 많이 먹는 것 (과식)

❷ 조금 먹는 것 ( )

❸ 채소만 먹는 것 ( )

❹ 음식을 먹는 개인의 습관 ( )

❺ 자기가 좋아하는 것만 먹는 것 ( )

❻ 소고기나 돼지고기 등 고기를 먹는 것 ( )

2. 다음 [보기]에서 알맞은 말을 골라 빈 칸에 쓰십시오.

[보기] 비결 식사량 장수 삶다 정하다 중요하다

❶ 기름에 볶거나 튀기는 것보다 (삶아)~~아/어/여~~ 먹는 게 건강에 더 좋대요.

❷ 학교에서 인기가 많던데 그 ( ) 좀 가르쳐 주세요.

❸ 여행갈 곳을 ( )으시면/시면 저희 여행사로 연락해 주세요.

❹ ( ) 마을에 가면 100세 이상 되는 노인들을 많이 볼 수 있어요.

❺ 저는 뭐니 뭐니 해도 건강이 제일 ( )는다고/ㄴ다고/다고 봐요.

❻ 다이어트를 한다고 너무 굶지 마시고 ( )을/를 잘 조절해 보세요.

문법

-는다고 보다

3. 다음은 유카 씨와 태우 씨가 한 이야기입니다. '-는다고 보다'를 사용해 대화를 완성하십시오.

	유카	태우
사형 제도	사형 제도가 필요하다.	사형 제도는 필요하지 않다.
성형 수술	수술 후 자신감을 얻을 수 있으면 해도 된다.	수술 후 부작용이 많으니까 안 하는 것이 낫다.
한국 경제의 미래	곧 좋아질 것이다.	몇 년 동안은 어려울 것이다.

사회자 : 사형 제도에 대해서 어떻게 생각하세요?

유카 : ❶ 저는 사형 제도가 필요하다고 봐요.

태우 : ❷ ....

사회자 : 성형 수술에 대해서 어떻게 생각하세요?

유카 : ❸ ....

태우 : ❹ ....

사회자 : 앞으로 한국 경제는 어떻게 될까요?

유카 : ❺ ....

태우 : ❻ ....

YONSEI WORKBOOK 3

4. 다음을 보고 '-는다고 보다'를 사용해 질문에 대답하십시오.

대도시의 문제

- 교통이 복잡하다.
- 주택이 부족하다.
- ....

서울 같은 대도시의 문제는 뭐라고 생각하십니까?

❶ 교통이 복잡한 것이 문제라고 봐요.

❷ ....

❸ ....

이런 문제를 해결하려면 어떻게 해야 할까요?

❹ 교통 문제를 해결하려면 ....

....

❺ 주택 문제를 해결하려면 ....

....

❻ ....

....

-는답니다

5. 다음 그림을 보고 문장을 만드십시오.

내 동생
공부, 운동 모두 잘 함.
고등학교 때 축구 선수였음.

우리 집 강아지
귀여움.
사람들 말을 잘 알아들음.

기타
중학교 때 샀음.
소리가 맑고 깨끗함.

❶ 제 동생인데 공부도 잘 하고 운동도 잘 한답니다 ~~는답니다/답니다/이랍니다.~~

❷ 제 동생은 .... 는답니다/답니다/이랍니다.

❸ 우리 집 강아지인데 .... 는답니다/답니다/이랍니다.

❹ 제 강아지는 .... 는답니다/답니다/이랍니다.

❺ 제 기타인데 .... 는답니다/답니다/이랍니다.

❻ 제 기타는 .... 는답니다/답니다/이랍니다.

6. 다음 그림을 보고 '-는답니다'를 사용해 대화를 완성하십시오.

❶ 가 : 서울에서는 어디가 유명해요?

나 : 경복궁이 유명하답니다.

❷ 가 : 인천에는 뭐가 있어요?

나 : ______________________.

❸ 가 : 이천은 뭐가 유명해요?

나 : ______________________.

❹ 가 : 불국사라는 절은 어디에 있어요?

나 : ______________________.

❺ 가 : 전주에 유명한 음식이 있어요?

나 : ______________________.

❻ 가 : 부산에 가면 꼭 가 봐야 할 곳이 어디예요?

나 : ______________________.

Y O N S E I W O R K B O O K 3

3과 5항

1. 다음 설명을 보고 관계있는 말을 [보기]에서 골라 쓰십시오.

[보기]	고혈압	과식	불면증	비만	운동 부족
	육식	채식	편식	피로	흡연

❶ 고기만 먹는다.	
❷ 담배를 피운다.	
❸ 채소를 주로 먹는다.	
❹ 잠이 안 온다. 깊은 잠을 못 잔다.	
❺ 일이 많아서 늘 피곤하다. 쉬어도 피곤이 풀리지 않는다.	
❻ 좋아하는 것만 먹는다. 음식을 골고루 먹지 않는다.	
❼ 몸무게가 키에 비해 많이 나간다.	
❽ 운동을 거의 하지 않는다. 몸이 무겁고 몸을 움직이기가 귀찮다.	
❾ 음식을 너무 많이 먹어서 속이 좋지 않다.	
❿ 최고가 150~160mmHg, 최저가 90~95mmHg 이상이다. 잘못하면 쓰러질 수 있다.	

2. 다음 [보기]에서 알맞은 말을 골라 빈 칸에 쓰십시오.

[보기]	건강식	과로	비결	식사량	식욕
	안색	뭐니 뭐니 해도	규칙적이다	무리하다	유지하다

밍밍 : 어디 아파요? ❶ ____________ 이/가 안 좋은데요.

수지 : 요즘 회사에 일이 많아서 며칠 동안 ❷ ____________ 을/를 했어요. 잠도 못 자고요. 그러니까 계속 피곤하기만 하고 ❸ ____________ 도 없어서 밥을 못 먹겠어요.

밍밍 : 그렇게 쉬지않고 ❹ ____________ 으면/면 안 돼요. 이럴 땐 ❺ ____________ 잘 먹는 게 제일이에요.

수지 : 저도 알지만 시간이 없으니까 대충 먹게 돼요.

밍밍 : 그러지 말고 몸에 좋은 ❻ ____________ 을/를 드셔 보세요.

수지 : 그런데 밍밍 씨는 늘 날씬한 몸을 ❼ ____________ 는데/은데/ㄴ데 그 ❽ ____________ 이/가 뭐예요? 좀 가르쳐 주세요.

밍밍 : 날마다 정해진 시간에 일어나서 식사하고 일하는 ❾ ____________ 는/은/ㄴ 생활을 하는 거예요. 또 과식하지 않고 늘 정해진 ❿ ____________ 을/를 지키는 것도 중요하고요.

3. 다음 대화를 완성하십시오.

❶ 가 : 고향에 계신 부모님께 선물을 보내려고 하는데 언제까지 보내면 크리스마스 전에 도착할까요?

나 : ____________ 어야/아야/여야 ____________.

❷ 가 : 원하는 곳에 갈 수 있으면 지금 어디에 가고 싶어요?

나 : ____________ 는다면/다면/이라면 ____________.

❸ 가 : 비가 이렇게 많이 오니까 수지 씨 집에 안 가도 되겠지요?

나 : 약속을 했으면 ____________ 어야지요/아야지요/여야지요.

❹ 가 : 시험 날짜가 바뀌었대요. 우리 반 친구들도 알고 있을까요?

나 : 아니요, 모를 거예요. 우리가 가서 ____________ 어/아/여 줍시다.

❺ 가 : 내일 7시까지 회사에 가야 해요. 혹시 제가 안 일어나면 ____________ 어/아/여 주세요.

나 : 알겠어요. 걱정하지 마세요.

⑥ : 고향에 돌아갈 때 무슨 선물을 사 가지고 가면 좋을까요?
나 : ________________ 이라든가/라든가 ________ 같은 것을 사 가지고 가세요.

⑦ 가 : 친구가 아파서 밥을 못 먹어요. 아플 땐 무슨 음식이 좋아요?
나 : ________________ 는다고/다고/이라고 하던데 ________________.

⑧ 가 : 언제쯤 한국이 통일이 될까요?
나 : ________________________ 는다고/다고/이라고 봐요.

⑨ 가 : 아이들에게 외국어를 가르치는 것에 대해서 어떻게 생각해요?
나 : ________________________ 는다고/다고/이라고 봐요.

⑩ 가 : 따님이 아주 예쁘시던데 지금 무슨 일을 하세요?
나 : ________________________ 는답니다/답니다/이랍니다.

4. 다음 글을 읽고 주어진 동사를 알맞은 형태로 바꿔 쓰십시오.

어제는 친구와 같이 봉사 활동을 하러 갔다. 거기엔 어린 아기들하고 몸이 불편한 아이들이 많이 있었다. 7시쯤 도착하니까 아이들은 ❶ ______(자다) 고 있었다. 먼저 아이들을 ❷ ______(깨다) 었다/았다/였다. 그런 다음 목욕탕으로 데려가서 아이들을 의자에 ❸ ______(앉다) 고 몸을 ❹ ______(씻다) 어/아/여 주었다. 수건으로 닦은 다음 옷을 ❺ ______(입다) 어/아/여 주었다. 아이들은 기분이 좋은 것 같았다. 다음은 식사 시간이었다. 우리는 혼자 밥을 ❻ ______(먹다) 지 못하는 아이들한테 밥을 ❼ ______(먹다) 어/아/여 주었다. 식사하는 동안 농담을 잘 하는 진석이가 재미있는 말로 아이들을 ❽ ______(웃다) 었다/았다/였다. 식사 후 우리는 같이 책도 ❾ ______(읽다) 고 재미있게 놀았다. 점심을 먹고 난 후 낮잠 시간이 되어 아이들을 ❿ ______(자다) 고 집으로 돌아왔다. 앞으로도 자주 와서 아이들과 같이 시간을 보내야겠다.

듣기 연습

CD: 07~ 09

1. 이야기를 듣고 질문에 대답하십시오.

1) 이것은 무엇입니까? 쓰십시오.

....

2. 뉴스를 듣고 질문에 대답하십시오.

1) 다음 중 맞는 것을 고르십시오. (   )

❶ 장수 노인들은 하루에 9시간 이상 잔다.
❷ 장수 노인들은 식물성 음식을 주로 먹고 동물성 음식은 거의 먹지 않았다.
❸ 장수 노인들 중에는 혼자서 식사를 하는 사람이 많았다.
❹ 술과 담배는 장수와는 별로 관계가 없는 것으로 나타났다.

2) 건강식품은 장수에 도움이 되나요? 쓰십시오.

....

3. 이야기를 듣고 질문에 대답하십시오.

1) 들은 내용과 같으면 ○표, 다르면 ×표 하십시오.

❶ 조깅은 옆 사람과 이야기를 하면서 할 수 있는 운동이다. (   )
❷ 조깅할 때 준비 운동을 하지 않아도 된다. (   )
❸ 조깅할 때는 힘들어도 걷지 말고 뛰어야 한다. (   )
❹ 초보자는 가볍게 시작해서 달리는 거리를 점점 늘리는 것이 좋다. (   )

읽기 연습

1. 다음 글을 읽고 질문에 대답하십시오.

> 운동을 꾸준히 하기 위한 방법
>
> 우선 첫 번째로 ……(가)…… 입니다. 매일 운동을 위해 시간을 내기는 어려운 일입니다. 1시간씩 운동하기로 했다면 출퇴근 시간, 점심 식사 후 등, 틈틈이 운동을 해 1시간을 채우는 것도 좋은 방법입니다.
>
> 두 번째는 ……(나)…… 입니다. 운동할 때 다른 것을 같이 하면 그냥 운동만 할 때보다 지루하지 않아 더 오래 운동을 할 수 있습니다. 예를 들어 텔레비전을 보면서 실내 자전거, 덤벨, 스텝퍼 등의 운동을 한다면 운동도 하고 재미도 느낄 수 있는 일석이조의 효과를 얻을 수 있습니다.
>
> 세 번째는 ……(다)…… 입니다. 혼자 운동하면 지루하고 포기하기 쉽지만 함께 운동하는 사람이 있다면 재미있게 운동을 할 수 있습니다. 또 운동을 하면서 더 친해질 수 있어서 좋습니다.

1) (가), (나), (다)에 들어갈 말로 알맞게 연결된 것을 고르십시오. (   )

❶ (가) 함께 운동하기	(나) 틈틈이 운동하기	(다) 재미있게 운동하기
❷ (가) 틈틈이 운동하기	(나) 재미있게 운동하기	(다) 함께 운동하기
❸ (가) 틈틈이 운동하기	(나) 함께 운동하기	(다) 재미있게 운동하기
❹ (가) 재미있게 운동하기	(나) 함께 운동하기	(다) 틈틈이 운동하기

2) '일석이조의 효과'란 무엇입니까? 쓰십시오.

……………………………………………………

3) (다) 운동의 예가 아닌 것을 고르십시오. (   )

❶ 테니스 ❷ 축구 ❸ 탁구 ❹ 실내 자전거

2. 다음 글을 읽고 질문에 대답하십시오.

미국의 건강 전문지 '헬스'가 세계에서 가장 몸에 좋은 다섯 가지 음식 중의 하나로 '김치'를 뽑았습니다. 발효 식품인 김치에는 비타민이 풍부하고 유산균과 섬유소가 많아 소화를 도와준다는 것입니다. 또 암에 걸리는 것을 막아 주고 다이어트에도 효과가 있다고 합니다. 이와 함께 '헬스'지는 한국인들은 사진을 찍을 때도 '김치'라고 하고, 한 사람이 1년 동안 18kg이나 되는 김치를 먹는다며 한국인들의 김치 사랑에 대해서도 소개했습니다. 또 김치 볶음밥과 김치 스크램블을 만드는 방법도 자세히 소개해 미국인들이 김치 요리법을 쉽게 따라하도록 했습니다. 미국 내에서 김치를 쉽게 살 수 있는 곳과 가격까지 알려 주며 미국인들에게 실제로 김치를 먹을 것을 권하고 있습니다. 세계 5대 건강 음식에는 콩 요리와 요구르트가 김치와 함께 뽑혀 발효 식품이 건강식품이라는 것을 다시 한 번 확인 시켜 주었습니다.

1) 건강에 좋은 5대 식품에 들어가지 <u>않는</u> 것은 무엇입니까? (   )

❶ 두부 ❷ 요구르트 ❸ 소고기 ❹ 김치

2) '헬스' 지에 실린 내용이 <u>아닌</u> 것은 무엇입니까? (   )

❶ 김치 요리법을 소개했다.
❷ 미국 사람들의 김치 사랑에 대해 소개했다.
❸ 미국에서 김치를 살 수 있는 곳을 알려 줬다.
❹ 미국 사람들에게 김치가 건강에 좋다는 것을 알렸다.

3) 다음 중 김치에 대한 설명으로 맞으면 ○표, 틀리면 ×표 하십시오.

❶ 김치를 먹으면 소화가 잘 된다. (   )
❷ 김치에는 비타민이 많이 들어있다. (   )
❸ 김치를 먹으면 암을 치료할 수 있다. (   )
❹ 김치를 먹으면 다이어트에 도움이 된다. (   )

말하기 · 쓰기 연습

1. 배운 문법을 사용해 친구에게 질문하고 대답하십시오.

질문	친구 1	친구 2
❶ 건강하게 오래 살려면 어떻게 해야 하나요? (–어야)		
❷ 건강에 나쁜 것에는 어떤 것이 있을까요? (이라든가)		
❸ 건강하지 않다면 어떨까요? (–는다면)		
❹ 어떻게 하면 건강해질 수 있을까요? (–는다고 하던데, –는다고 보다)		

2. 다음 글을 읽고 여러분은 어떻게 생각하는지 써 보십시오. 그리고 친구와 같이 이야기 해 보십시오.

> 일본의 한 노화 연구소에서는 도쿄에 사는 100세 이상 장수 노인 70명과 60세~84세 노인 1812명을 조사한 결과, 평소 성실한 사람, 외향적이고 적극적인 사람, 그리고 신경이 예민한 사람이 100세 이상 살 가능성이 많은 것으로 조사됐습니다. 그 이유가 뭘까요? 정말 성격과 오래 사는 것이 관계가 있을까요?

제 4 과 공연과 감상

4과 1항

어휘

1. 다음 이야기를 읽고 [보기]에서 알맞은 말을 골라 빈 칸에 쓰십시오.

[보기] 작품명 관람 연령 공연 장소 공연 일시 작품 해설

오늘 친구한테서 오페라 '심청'의 표를 선물 받았다. 이번 주 토요일(11월 7일) 저녁 7시, 오페라 극장에서 하는 공연이었다. 이 작품은 우리나라의 옛날이야기인 '심청전'을 오페라로 만든 것이라고 한다. 신문에서 보니까 전통과 현대의 만남으로 우리만의 특색이 잘 나타난 공연이라고 쓰여 있었다. 그래서 7살짜리 딸과 같이 공연을 보려고 했는데 9살이 넘어야 볼 수 있다고 한다. 그래서 부모님께 표를 드렸다.	❶ 작품명 : 오페라 '심청' ❷ .... : 11월 7일 7시 ❸ .... : 오페라 극장 ❹ .... : 9세 이상 ❺ .... : 전통과 현대의 만남 우리만의 특색있는 오페라

2. 다음 [보기]에서 알맞은 말을 골라 빈 칸에 쓰십시오.

[보기] 공연 무대 뮤지컬 의상 자막 말할 것도 없다

❶ 주말에는 오후 4시와 7시에 (공연)을/~~를~~ 합니다.

❷ 그 식당은 분위기가 아주 좋아요. 맛은 ( )고요.

❸ 연극이 끝나자 모든 배우들이 ( ) 위로 올라와서 인사를 했다.

❹ 그 여배우의 ( )에는 다이아몬드가 달려 있어 조명을 받을 때마다 반짝거렸다.

❺ 오늘 외국 영화를 봤는데 ( )이/가 너무 빨리 지나가서 다 읽을 수가 없었다.

❻ ( )은/는 배우들의 연기뿐만 아니라 노래와 춤까지 볼 수 있어서 같은 내용이어도 영화와는 그 느낌이 다른 것 같다.

문법

만 못하다

3. 다음 문장을 '만 못하다'를 사용해 바꾸십시오.

❶ 이 회사가 전에 일하던 회사보다 일하기가 좋아요.

→ 전에 일하던 회사가 이 회사만 못해요.

❷ 형이 동생보다 똑똑해요.

→ 동생이 .... 만 못해요.

❸ 말하기 성적이 쓰기 성적보다 좋아요.

→ 쓰기 성적이 .... 만 못해요.

❹ 이 사전이 전자 사전보다 더 편리해요.

→ .... 만 못해요.

❺ 어머니가 만든 음식이 비싼 식당 음식보다 맛있어요.

→ ....

❻ 자판기 커피가 고급 커피숍 커피보다 더 맛있어요.

→ ....

4. 다음 표를 보고 '만 못하다'를 사용해 대화를 완성하십시오.

	나 (태우)	히로시	안드레이
말하기 점수	89점	89점	84점
듣기 점수	80점	76점	80점
읽기 점수	83점	83점	90점
쓰기 점수	82점	88점	82점

태우 : 선생님, 저는 머리가 정말 나쁜가 봐요.

선생님 : 왜 그렇게 생각하는데요?

태우 : 전 이번 시험 준비를 정말 열심히 했어요. 그렇지만 쓰기 점수는 ❶ 히로시만 못 해요 ~~아요/어요/여요~~. 읽기 점수는 ❷ .... 고요.

선생님 : 정말 속상하겠네요. 하지만 말하기는 안드레이 씨가 ❸ .... 고 듣기는 ❹ .... 으니까/니까 힘내서 더 열심히 공부하세요.

YONSEI WORKBOOK 3

	연세 노트북	한국 노트북
기능	적다	많다
디자인	예쁘다	예쁘지 않다

밍밍 : 노트북을 사려고 하는데 어떤 게 좋을까?

샤오밍 : 기능은 ❺ ________________.

하지만 디자인은 ❻ ________________.

노트북은 비싼 물건이니까 잘 생각해 보고 결정해.

-는 대신에

5. 다음 그림을 보고 대화를 완성하십시오.

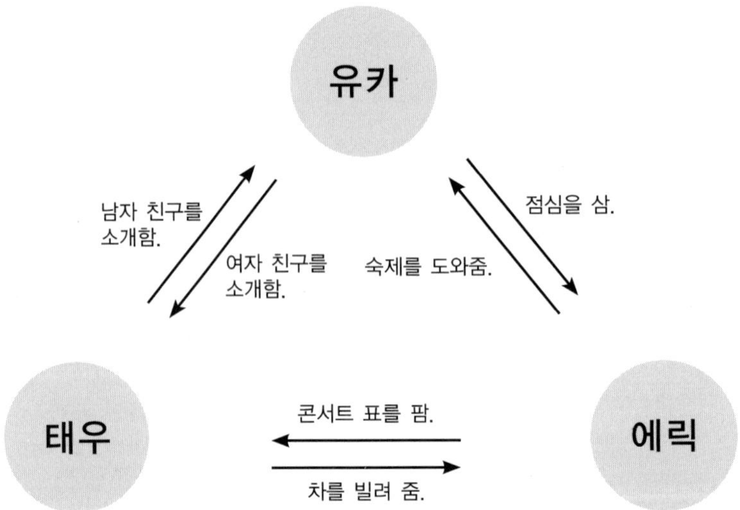

❶ 유카 : 오늘 숙제가 어렵던데 좀 도와줄 수 있어?

에릭 : 그럼 내가 숙제를 도와주는 대신에 오늘 점심 사야 해.

❷ 에릭 : 여자 친구랑 오늘 놀이 공원에 가기로 했는데 차 좀 빌려 줄 수 있니?

태우 : 그래. 그러면 내가 ________________는 대신에 지난주에 네가 산 콘서트 표를 나한테 팔아라.

❸ 태우 : 지난번에 봤던 네 친구가 정말 예쁘던데 좀 소개해 줘.

유카 : 그럼 내가 ______________ 는 대신에 나한테도 멋진 남자 친구 소개해 주는 거지?

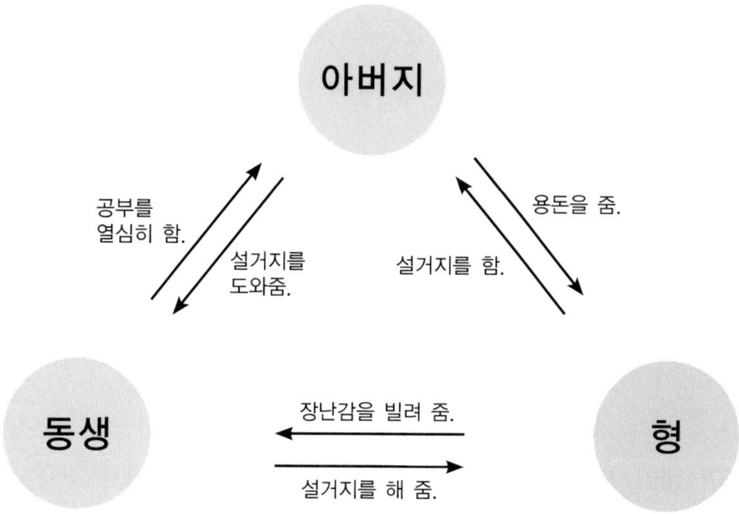

❹ 아버지 : 오늘 어머니가 안 계시니까 네가 설거지 좀 해라.

형 : 그럼 ______________ 는 대신에 용돈 좀 더 주세요.

❺ 형 : 설거지 좀 해 줘.

동생 : 그럼 ______________ 는 대신에 형 장난감 좀 빌려 줘.

❻ 동생 : 아빠, 설거지 좀 도와주세요.

아버지 : 그럼 ______________ 는 대신에 ______________ ______________. 그런데, 잠깐. 설거지는 네 형한테 부탁한 것 같은데…….

6. 다음 글을 읽고 '-는 대신에'를 사용해 질문에 대답하십시오.

5월 3일 토요일 비

오늘부터 1박 2일로 친구들과 부산으로 여행을 가기로 했다. ❶처음에는 제주도에 가려고 했지만 비행기 표가 비싸서 부산으로 정했다. 고속버스를 타려고 했지만 벌써 표가 매진이 되어서 우리는 ❷고속버스를 타지 않고 기차를 타고 갔다. 기차를 탄 우리들은 배가 고팠다. 영화에서 본 것처럼 삶은 계란하고 사이다를 마시고 싶었지만 기차에서 계란은 팔지 않았다. 그래서 ❸계란을 못 먹고 빵을 사서 먹었다. 기차에서 내린 우리는 해운대에 갔다. 바닷가를 조금 산책하니까 배가 고파졌다. ❹바닷가에 왔으니까 생선회를 먹어야겠다고 생각했지만 올가 씨가 회를 먹지 못해서 생선 구이를 시켜 먹었다. 맛있었다.

식사를 하고 호텔로 왔다. ❺처음에는 밍밍 씨 친구 집에서 자기로 했었지만 그 친구한테 갑자기 일이 생겨서 호텔에서 자기로 했다. 밍밍 씨는 숙박비를 혼자 내겠다고 했다. 그래서 우리는 ❻숙박비를 내지 않고 밍밍 씨에게 맛있는 저녁을 사 줬다.

❶ 우리는 제주도에 가는 대신에 부산으로 여행을 가기로 정했다.

❷ 우리는 ______________는 대신에 기차를 탔다.

❸ 우리는 기차 안에서 ______________는 대신에 빵을 사 먹었다.

❹ 올가 씨가 회를 먹지 못해서 ______________는 대신에 생선 구이를 먹었다.

❺ ______________________________에서 자기로 했다.

❻ 밍밍 씨가 ______________________________.

4과 2항

어휘

1. 다음 [보기]에서 알맞은 말을 골라 빈 칸에 쓰십시오.

[보기] 변경하다 예매하다 예약하다 취소하다 확인하다 환불 받다

❶ 시험 결과를 확인하려고 ~~으려고/려고~~ 사무실에 전화했다.
❷ 휴가철이어서 호텔을 미리 .... 었다/았다/였다.
❸ 일이 많아서 오늘 약속을 .... 어야겠다/아야겠다/여야겠다.
❹ 지금 세운 계획을 다른 것으로 .... 으려면/려면 돈이 너무 많이 든다.
❺ 추석에 고향에 가려면 몇 달 전에 기차표를 .... 어야/아야/여야 합니다.
❻ 어제 산 옷을 교환하려고 갔는데 마음에 드는 옷이 없어서 그냥 .... 었다/았다/였다.

2. 다음 [보기]에서 알맞은 말을 골라 빈 칸에 쓰십시오.

[보기] 인터넷 사이트 좌석 가입하다 간단하다 선택하다 알려 주다

❶ 이 곳의 약도는 (인터넷 사이트)에서 보실 수 있습니다.
❷ 시간이 없으니까 (   )게 말씀드릴게요.
❸ 출근 시간이어서 버스에 빈 (   )이/가 없었다.
❹ 미안한데 김 선생님 전화번호 좀 (   )을래?/ㄹ래?
❺ 전공을 (   )는/은/ㄴ 것은 중요한 일이니까 잘 생각해서 결정하세요.
❻ 사진을 배우고 싶어서 어제 사진 동호회에 (   )었어요/았어요/였어요.

-는다고 해서

3. 다음 그림을 보고 대화를 완성하십시오.

❶

가 : 왜 그렇게 옷을 얇게 입고 왔어요?

나 : 오늘 무척 덥다고 ~~는다고/다고/으라고/자고~~ 해서 옷을 얇게 입고 왔어요.

❷

가 : 오늘 뭐 할 거예요?

나 : '정'이라는 영화가 .... 는다고/다고/으라고/자고 해서 그 영화를 보러 가려고요.

❸

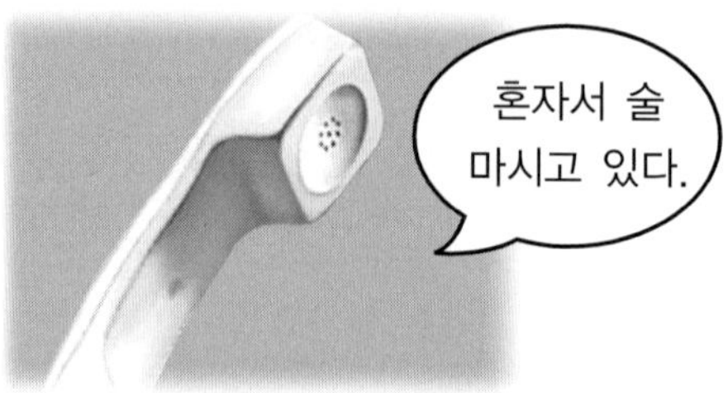

가 : 이렇게 밤 늦게 어디 가세요?

나 : 친구가 .... 는다고/다고/으라고/자고 해서 그 술집에 가는 길이에요.

❹

가 : 오늘 뭐 했어?

나 : 친구가 .... 는다고/다고/으라고/자고 해서 친구를 만나러 갔다가 왔어.

❺

가 : 아침 일찍 누구한테 전화를 하세요?

나 : 여자 친구가 .... 는다고/다고/으라고/자고 해서 여자 친구에게 전화를 거는 거예요.

❻

가 : 오늘 오후에 뭐 할 거예요?

나 : 여동생이 .... 는다고/다고/으라고/자고 해서 수영장에 다녀오려고요.

4. 다음 이야기를 읽고 '-는다고 해서'를 사용해 질문에 대답하십시오.

옛날에 떡을 파는 어머니와 남매가 살고 있었어요. 어느 날 어머니는 집으로 돌아오는 길에 호랑이를 만났어요. 호랑이는 "떡을 하나 주면 안 잡아먹겠다." 하고 말했어요. 그래서 어머니는 떡을 줬어요. 조금 후에 또 호랑이가 나타나서 "떡을 하나 주면 안 잡아먹겠다."라고 했지만 이번에는 떡이 없었어요. 호랑이는 어머니를 잡아먹고 아이들까지 잡아먹으러 집으로 갔어요. 그리고는 "얘들아, 엄마다. 빨리 문 열어라."라고 말했어요. 아이들은 엄마 목소리가 이상했지만 문을 열어 줬어요. 호랑이를 보자마자 아이들은 집 뒤에 있는 나무 위로 올라갔어요. 호랑이는 아이들에게 어떻게 나무 위로 올라갔냐고 물었어요. 오빠가 "손에 참기름을 바르고 올라왔어요."하고 말했어요. 호랑이는 참기름을 바르고 나무 위로 올라가려고 했지만 자꾸 미끄러졌어요. 그것을 본 착한 여동생이 "도끼를 쓰면 쉽게 올라올 수 있는데……."라고 말해줬어요. 호랑이가 도끼를 써서 나무 위로 올라오기 시작하자 아이들은 기도를 했어요. "하느님, 우리를 불쌍하게 생각하면 줄을 내려 주세요." 하늘에서 튼튼한 줄이 내려왔고 아이들은 줄을 잡고 하늘로 올라갔어요. 이것을 본 호랑이도 자기에게도 줄을 내려 달라고 기도했어요. 하늘에서 줄이 내려오기는 했지만 오래된 줄이 내려와서 떨어져 죽었어요. 하느님은 오빠는 해가, 동생은 달이 되라고 말씀하셨어요. 하지만 여동생이 "밤은 어두워서 너무 무서워."하고 말하자 오빠가 달이 되겠다고 했어요. 그렇게 해서 오빠는 달이, 동생은 해가 되었어요.

❶ 어머니는 왜 호랑이에게 떡을 줬습니까?
떡을 주면 호랑이가 안 잡아먹겠다고 해서 호랑이에게 떡을 줬습니다.

❷ 아이들은 왜 문을 열어 줬습니까?
호랑이가 .... 아이들은 문을 열었습니다.

❸ 호랑이는 왜 참기름을 발랐습니까?
오빠가 .... 참기름을 발랐습니다.

❹ 호랑이는 어떻게 나무 위로 올라갔습니까?
동생이 .... 도끼를 써서 올라갔습니다.

❺ 하느님은 왜 아이들에게 줄을 내려 줬습니까?
.... 아이들에게 줄을 내려 줬습니다.

❻ 오빠는 왜 달이 되었습니까?
.... 오빠가 달이 되었습니다.

-고서

5. 다음 대화를 완성하십시오.

❶ 가 : 지금 밍밍 씨 집에 있지요?
나 : 아니요, 아까 전화를 받고서 나갔는데요.

❷ 가 : 대학 졸업 후에 뭘 하실 거예요?
나 : ....고서 유학을 가려고 해요.

❸ 가 : 그 친구는 회사를 그만두고 요즘 뭘 해요?
나 : ....고서 여행을 하고 있대요.

❹ 가 : 요즘 감기가 심하던데 올가 씨는 금방 나으셨네요.
나 : 네, ...고서 금방 나았어요.

❺ 가 : 아까는 아무 일도 아닌데 아이한테 왜 그렇게 화를 냈어요?
나 : 저도 ....고서 후회했어요.

❻ 가 : 왜 이렇게 일찍 돌아왔어요? 오늘 친구 안 만났어요?
나 : 아니요. 만나기는 했는데 친구가 바쁘다고 해서 ....고서 금방 헤어졌어요.

6. 다음 글을 읽고 질문에 대답하십시오.

재료 : 닭 한 마리, 인삼, 찹쌀, 마늘, 파, 소금, 후추

(1) 닭은 흐르는 물에 여러 번 깨끗이 씻어 놓는다.
(2) 찹쌀은 한 시간 정도 불리고, 인삼은 깨끗이 씻고, 대추는 씨를 빼 놓는다.
(3) 찹쌀과 마늘, 인삼, 대추를 닭 뱃속에 넣고 찹쌀이 나오지 않도록 이쑤시개로 구멍을 막아 놓는다.
(4) 큰 냄비에 닭과 인삼, 대추를 넣고 닭이 물 속에 들어갈 정도로 물을 붓는다.
(5) 센 불에서 끓이다가 약한 불로 줄여 살이 익을 때까지 끓인다.
(6) 닭을 그릇에 담고 소금, 후추를 같이 낸다.

유카 : 승연아, 삼계탕 끓이는 방법 좀 알려 줄래?

승연 : 그래. 먼저 ❶ 닭을 깨끗이 씻어 놓고서 다른 재료들을 손질해.
그리고, 닭 뱃속에 찹쌀과 인삼, 마늘, 대추를 ❷ ....고서 재료들이 밖으로 나오지 않도록 이쑤시개로 구멍을 막아.

유카 : 그런 다음에는?

승연 : 찹쌀을 넣은 닭을 냄비에 ❸ ....고서 닭이 잠길 정도로 물을 부어.
센 불에서 끓으면 약한 불로 줄이고 살이 완전히 익을 때까지 끓여. 다 익은 닭을 그릇에 예쁘게 ❹ ....고서 소금, 후추와 같이 상에 올리면 끝나.

유카 : 그래? 생각보다 어렵지 않네. 내가 ❺ ....고서 연락할게. 꼭 먹으러 와.

4과 3항

어휘

1. 다음 [보기]에서 알맞은 말을 골라 빈 칸에 쓰십시오.

[보기] 감동적이다　신나다　심각하다　우울하다　환상적이다

❶ 그 쇼는 (환상적인)~~는/은/ㄴ~~ 분위기로 사람들에게 인기가 높았다.

❷ 날씨가 흐려서 기분이 (　　　　　)어졌다/아졌다/여졌다.

❸ 주인을 위해서 죽은 개의 이야기는 아주 (　　　　　)었다/았다/였다.

❹ 기분이 나쁠 때 (　　　　　)는/은/ㄴ 음악을 들으면 기분이 좋아집니다.

❺ 의사 선생님 표정이 너무 (　　　　　)어서/아서/여서 동생이 큰 병에 걸린 줄 알았다.

2. 다음 [보기]에서 알맞은 말을 골라 빈 칸에 쓰십시오.

[보기] 대사　마지막　목소리　연기　인상적이다　훌륭하다

❶ 그 배우는 (연기)~~을~~/를 너무 잘 해서 진짜 같아요.

❷ 오래간만이다. 우리가 (　　　　　)으로/로 만난 게 언제였지?

❸ 그 여자는 떨리는 (　　　　　)으로/로 경찰의 질문에 대답했다.

❹ 이번 연극은 (　　　　　)이/가 많아서 배우들이 많이 힘들어했어요.

❺ 물에 빠진 어린이를 구한 청년이 (　　　　　)은/ㄴ 시민상을 받았다고 한다.

❻ 그 영화의 마지막 장면이 아주 (　　　　　)어서/아서/여서 며칠이 지나도 잊혀지지 않아요.

문법

-을 뿐만 아니라

3. 다음을 보고 두 문장을 골라 문장을 만드십시오.

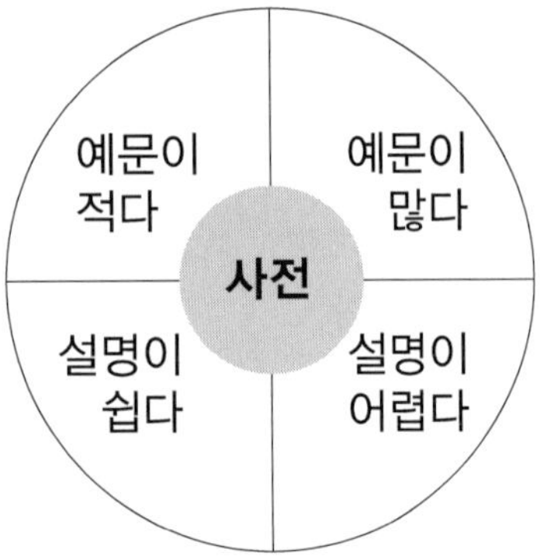

❶ 그 사전은 예문이 적을~~을/ㄹ~~ 뿐만 아니라 설명도 어렵다.

❷ 그 사전은 ………………………… 을/ㄹ 뿐만 아니라 ………………………….

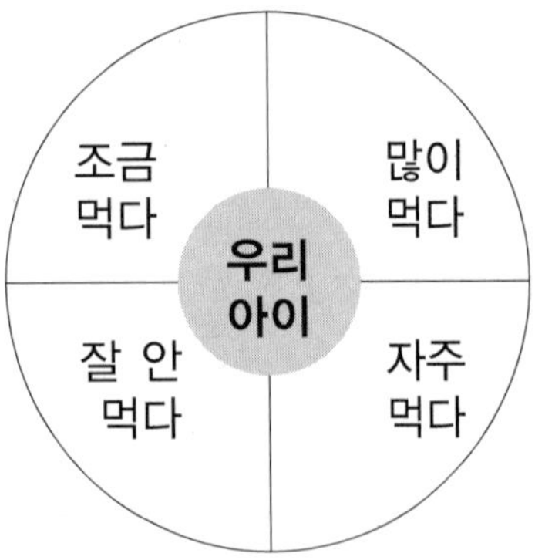

❸ 우리 아이는 밥을 ………………………… 을/ㄹ 뿐만 아니라 ………………………….

❹ 우리 아이는 밥을 ………………………… 을/ㄹ 뿐만 아니라 ………………………….

❺ 우리 학교는 ………………………… 을/ㄹ 뿐만 아니라 ………………………….

❻ 우리 학교는 ………………………… 을/ㄹ 뿐만 아니라 ………………………….

4. 다음 이야기를 읽고 '-을 뿐만 아니라'를 사용해 광고를 완성하십시오.

연세 리조트

저희 리조트는 공기 좋고 경치 좋은 강원도에 위치하고 있으며 교통이 편리합니다. 또, 깨끗하고 조용합니다.

리조트 근처에는 바다와 산이 있어서 수영도 할 수 있고 등산도 할 수 있습니다. 그리고, 골프장과 수영장이 있어서 어른들과 아이들 모두가 즐길 수 있습니다.

식사는 리조트 안의 식당에서 하실 수 있습니다. 또 주방이 있어 직접 만들어 드실 수도 있습니다.

저희 홈페이지에 들어오시면 자세한 정보를 얻을 수 있고 할인권도 받으실 수 있으니까 많이 이용해 주십시오.

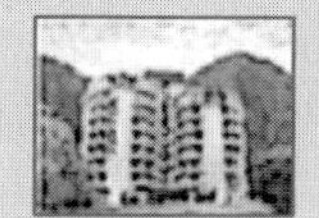

❶ 공기가 좋을 뿐만 아니라 경치도 좋은 강원도에 위치한 저희 리조트는

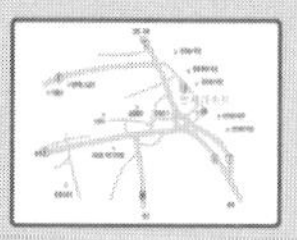

❷ 교통이 ....

또, 리조트 근처에 바다와 산이 있어

❸ ....

또, 골프장과 수영장이 있어

❹ ....

식사는

❺ ....

홈페이지를 이용하시면

❻ ....

-어야지

5. 다음 그림을 보고 이 사람의 생각을 쓰십시오.

❶

빨리 점심을 먹어야지 ~~어야지/아야지/여야지~~.

❷

.... 어야지/아야지/여야지.

❸

.... 어야지/아야지/여야지.

❹

.... 어야지/아야지/여야지.

❺

.... 어야지/아야지/여야지.

❻

.... 어야지/아야지/여야지.

6. 다음 그림을 보고 사람들의 생각을 쓰십시오.

상여금을 받으면

❶ 어머니께 선물을 사 드려야지 ~~어야지/아야지/여야지~~.

❷ .... 어야지/아야지/여야지.

❸ .... 어야지/아야지/여야지.

❹ .... 어야지/아야지/여야지.

❺ .... 어야지/아야지/여야지.

❻ .... 어야지/아야지/여야지.

4과 4항

어휘

1. 다음 단어의 뜻을 찾아 연결하고 알맞은 말을 골라 빈 칸에 쓰십시오.

권하다 •	• 계획이나 의견을 내놓다.
소개하다 •	• 어떤 일을 하거나 무엇을 해 보라고 말하다.
안내하다 •	• 인사를 시키거나 설명을 해서 알게 해 주다.
제안하다 •	• 어떤 행사나 장소를 알려 주거나 데려다 주다.
추천하다 •	• 알맞은 사람이나 물건을 다른 사람에게 소개하고 권하다.

① 어머니는 손님에게 차를 ......권했다...... ~~었다/았다/였다~~.

② 저희 가족을 .... 겠습니다.

③ 저에게 맞는 일자리 좀 .... 어/아/여 주세요.

④ 주인아주머니는 손님들을 2층으로 .... 었다/았다/였다

⑤ 친구가 이번 주말에 봉사 활동을 하러 가자고 .... 었다/았다/였다.

2. 다음 [보기]에서 알맞은 말을 골라 빈 칸에 쓰십시오.

[보기]	분위기	사물놀이	인기	확	지루하다	흥겹다

① 승연 씨는 예쁠 뿐만 아니라 성격도 좋아서 친구들한테 (인기)~~이~~/가 좋아요.

② 그 카페는 ( )이/가 좋아서 데이트하는 사람들이 많이 찾아요.

③ 어제 공연에서는 ( )은/ㄴ 장단에 맞춰 춤을 추는 사람도 있었다.

④ 그 영화는 내용을 알고 봐서 그런지 보는 내내 ( )었다/았다/였다.

⑤ 징, 꽹과리, 장구, 북, 이 네 가지 악기를 가지고 연주하는 것이 ( )입니다.

⑥ 노래방에 가서 큰 소리로 노래를 부르면 쌓인 스트레스가 ( ) 풀리는 것 같다.

문법

-을 만하다

3. '-을 만하다'를 사용해 대화를 완성하십시오.

❶ 가 : 재미있는 책 좀 추천해 주세요.

나 : '그 사람'이라는 책이 읽을 만하던데 한번 읽어 보세요.

❷ 가 : 방학 때 친구하고 여행을 가려고 하는데 어디로 가면 좋을까요?

나 : ______________________________.

❸ 가 : 그 식당은 뭐가 맛있어요?

나 : ______________________________.

❹ 가 : ______________________________?

나 : 이번에 영화제에서 상을 받은 그 영화는 어때요?

❺ 가 : 두 시간 정도 걸으니까 더 못 걷겠다. 넌 괜찮아?

나 : 난 아직은 ______________________________.

❻ 가 : 그 사람 ______________________________? 일을 맡겨도 괜찮을까요?

나 : 그럼요, 태우 씨라면 믿을 수 있고말고요. 걱정하지 마시고 맡겨 보세요.

4. 다음은 구두쇠 아저씨가 이웃 사람과 하는 대화입니다. '-을 만하다'를 사용해 대화를 완성하십시오.

구두쇠 : 이 옷 버리시는 겁니까?

이웃 : 네, 그런데요.

구두쇠 : 저 주세요. 아직 ❶ 입을 만한데요~~는데요/은데요/ㄴ데요~~. 이 신발도 버리시는 거예요?

이웃 : 네.

구두쇠 : 그럼, 이 신발도 저 주세요. 아직 ❷ __________ 는데요/은데요/ㄴ데요. 이 가방도 버리지 마세요. 아직 ❸ __________ 는데요/은데요/ㄴ데요.

이웃 : 네. 그럼 이 비디오테이프도 가지고 가시겠어요? ❹ __________ 는/은/ㄴ 영화라고 해서 샀는데 저는 별로 재미가 없어서요.

구두쇠 : 네, 주세요. 혹시 그 케이크도 버리는 건가요? 아직 ❺ __________ 는/은/ㄴ 것 같은데 저 주세요.

이웃 : 아니요, 이건 너무 오래 돼서 안 드시는 게 좋을 것 같아요.

구두쇠 : 아, 그래요? 그런데 이런 ❻ __________ 는/은/ㄴ 만한 물건을 왜 버리세요? 다음에 물건을 버릴 때에는 저한테 꼭 연락해 주세요.

-을걸요

5. 다음 대화를 완성하십시오.

❶ 가 : 샤오밍 씨, 밍밍 씨 못 보셨어요?
나 : 아까 집에 간다고 했으니까 지금 집에 있을걸요 ~~을걸요/ㄹ걸요~~. 집으로 전화해 보세요.

❷ 가 : 오늘 백화점에 사람이 많을까요?
나 : 주말이니까 .... 을걸요/ㄹ걸요.

❸ 가 : 그분이 날마다 전화를 안 받던데요.
나 : 10시쯤 전화하면 .... 을걸요/ㄹ걸요. 그 시간에 집에 돌아오거든요.

❹ 가 : 승연 씨가 내일 회사에 일찍 나올까요?
나 : 언제나 일찍 나오니까 내일도 .... 을걸요/ㄹ걸요.

❺ 가 : 손님들이 점심을 드시고 오실까요?
나 : 3시에 오신다고 하니까 점심은 .... 을걸요/ㄹ걸요.

❻ 가 : 태우 씨가 비행기를 탔을까요?
나 : 지금 1시지요? 12시 비행기를 탄다고 했으니까 .... 을걸요/ㄹ걸요.

6. 다음 그림을 보고 대화를 완성하십시오.

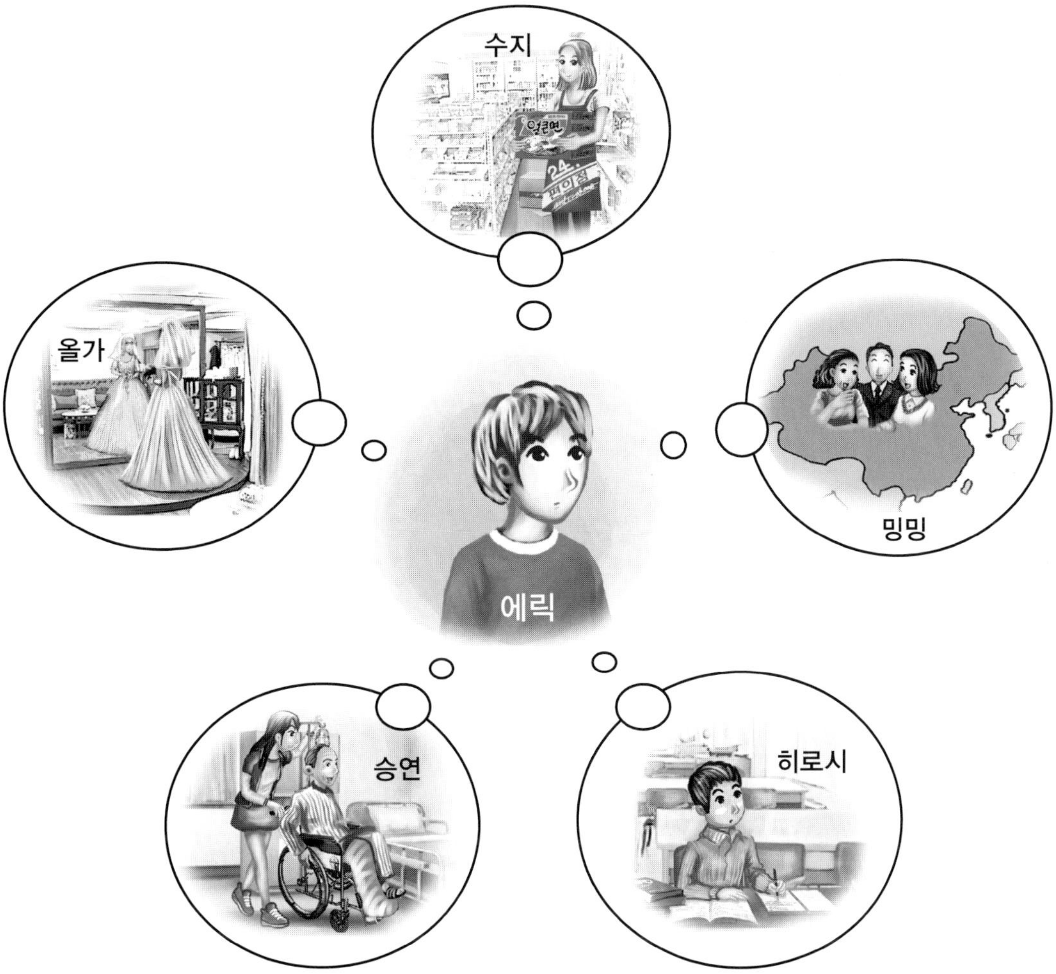

유카 : 에릭 씨, 방학인데 우리 반 친구들과 같이 여행을 가는 게 어때요?

에릭 : 저는 갈 수 있는데, 다른 친구들은 아마 ① 갈 수 없을걸요~~을걸요/ㄹ걸요~~.

유카 : 왜요? 다들 바쁘대요? 수지 씨도 바쁘대요?

에릭 : 수지 씨는 요즘 아르바이트를 해서 ② ________을걸요/ㄹ걸요.

유카 : 그럼, 밍밍 씨는요?

에릭 : 밍밍 씨는 벌써 ③ ________을걸요/ㄹ걸요.

유카 : 히로시 씨는요?

에릭 : 히로시 씨는 취업 준비 때문에 ④ ________을걸요/ㄹ걸요.

유카 : 승연 씨도 바쁜가요?

에릭 : 승연 씨 할아버지께서 많이 편찮으시대요.
그래서 요즘 날마다 ⑤ ________을걸요/ㄹ걸요.

유카 : 그럼 올가 씨는요?

에릭 : 올가 씨는 다음 달에 결혼을 하니까 ⑥ ________을걸요/ㄹ걸요.

유카 : 그렇군요. 여행은 다음 방학에 가야겠네요.

4과 5항

어휘와 문법

1. 다음 [보기]에서 알맞은 말을 골라 빈 칸에 쓰십시오.

[보기]	공연 일시	공연 장소	관람 연령	작품명	감동적이다
	예매하다	인상적이다	추천하다	확인하다	환불 받다

❶ .... : 백설공주를 사랑한 난쟁이
❷ .... : 2010년 10월 31일 ~ 2011년 2월 3일
❸ .... : 청담동 연극 전용 극장
❹ .... : 8세 이상
기타 : 인터넷으로 ❺ .... 으신/신 표는 신분증을 ❻ .... 는/은/ㄴ 후에 드립니다. 신분증을 꼭 가지고 오시기 바랍니다.
구입하신 표는 공연 시작 전까지만 ❼ .... 으실/실 수 있습니다.
공연이 시작된 후에는 받으실 수 없습니다.
주차장이 없으니까 대중교통을 이용하시기 바랍니다.
공연 평 : 이 연극은 백설공주를 사랑한 난쟁이의 ❽ .... 는/은/ㄴ 사랑 이야기였습니다. 특히 30만 송이의 꽃으로 만든 무대는 정말 ❾ .... 었습니다/았습니다/였습니다. 먼저 공연을 본 사람들이 이 공연을 ❿ .... 는/은/ㄴ 이유를 알 것 같습니다.

2. 다음 [보기]에서 알맞은 말을 골라 빈 칸에 쓰십시오.

[보기]	대사	의상	자막	좌석	가입하다
	말할 것도 없다	알려 주다	지루하다	흥겹다	훌륭하다

❶ 제 친구는 정말 예뻐요. 성격은 (　　　　)고요.
❷ 공연을 하다가 (　　　　)을/를 잊어버리면 어떻게 하지요?
❸ 정해진 (　　　　)에 앉아서 공연을 관람해 주시기 바랍니다.
❹ 그 이야기가 (　　　　)을/ㄹ 줄 알았는데 의외로 재미있었다.
❺ (　　　　)는/은/ㄴ 사람들은 어린 시절부터 다른 사람과 달랐던 것 같다.

⑥ (   )는/은/ㄴ 리듬에 맞춰 사람들이 하나 둘씩 춤을 추기 시작했다.

⑦ 이 연극은 외국인들을 위해서 (   ) 서비스를 제공하고 있습니다.

⑧ 약속 시간이 변경된 것을 승연 씨에게 (   )지 않은 것이 생각났다.

⑨ 저는 여행을 가면 꼭 그 나라의 전통 (   )을/를 입고 사진을 찍어요.

⑩ 한국은 1991년에 161번 째 회원국으로 국제 연합(UN)에 (   )었다/았다/였다.

3. 다음 대화를 완성하십시오.

① 가 : 기말 시험은 어땠어요? 중간시험보다 잘 보셨지요?

나 : 아니요, ...만 못해요.

② 가 : 발표 순서 좀 바꿔 줄 수 있어요?

나 : 네, 좋아요. 하지만 ....는 대신에 저한테

....

③ 가 : 이것 좀 드세요. ....는다고/다고/으라고/자고 해서 사 왔어요.

나 : 네, 고마워요. 잘 먹을게요.

④ 가 : 공포 영화를 보셨다고요? 그런 영화를 좋아하세요?

나 : 아니요, ...는다고/다고/으라고/자고 해서 봤는데 너무 무서웠어요.

⑤ 가 : 어제 수업이 끝나고 뭘 했어요?

나 : ....고서 ....

⑥ 가 : 신촌 식당에서 점심을 드시던데 그 식당 음식이 맛있나요?

나 : 네, ...을/ㄹ 뿐만 아니라 ....

....

⑦ 가 : 내일부터 ....어야지/아야지/여야지.

나 : 그래. 아침에 일찍 일어나서 운동을 하면 살도 빠지고 더 건강해 질거야.

❽ 가 : 고향 친구하고 서울 구경을 하려고 하는데 어디에 가면 좋을까요?

나 : .... 을/ㄹ 만해요.

❾ 가 : 연세가 많으신데 이런 일 하시기 힘들지 않으세요?

나 : 아니요, 아직은 .... 을/ㄹ 만해요.

❿ 가 : 수지 씨한테도 같이 가자고 연락합시다.

나 : 수지 씨는 .... 을걸요/ㄹ걸요.

4. 다음 중 맞는 문장에 ○표 하십시오.

❶ 가 : 저는 기숙사가 하숙집보다 더 편한 것 같아요.

나 : 맞아요. 기숙사가 하숙집만 못해요. (　　　)

맞아요. 하숙집이 기숙사만 못해요. (　　　)

❷ 가 : 숙제하는 것 좀 도와줄래?

나 : 그래, 그러면 저녁 준비를 하는 대신에 숙제 해 줘. (　　　)

그래, 그러면 숙제를 도와주는 대신에 너는 저녁 준비 좀 해 줘. (　　　)

❸ 가 : 전화기를 사려고 하는데요. 저것 좀 보여 주시겠어요?

나 : 네, 이 전화기는 디자인이 예쁠 뿐만 아니라 복잡해요. (　　　)

네, 이 전화기는 디자인이 예쁠 뿐만 아니라 가벼워요. (　　　)

❹ 가 : 어제 가게에서 산 반찬 어땠어요?

나 : 너무 매워서 먹을 만 못했어요. (　　　)

조금 맵기는 했지만 먹을 만했어요. (　　　)

❺ 가 : 회의가 끝났을까요?

나 : 오늘 할 이야기가 많아서 아직 안 끝날걸요. (　　　)

오늘 할 이야기가 많아서 아직 안 끝났을걸요. (　　　)

듣기 연습

CD: 10~11

1. 대화를 듣고 질문에 대답하십시오.

1) 들은 내용과 같으면 ○표, 다르면 ×표 하십시오.

❶ 남자는 여자 친구와 영화를 보고 싶어한다. (   )

❷ 남자가 보려는 영화는 남자들뿐만 아니라 여자들에게도 인기가 많다. (   )

❸ 여자는 이 영화를 벌써 봤다. (   )

❹ 주말에는 표가 없어서 남자는 오늘 영화를 볼 것이다. (   )

2. 이야기를 듣고 질문에 대답하십시오.

1) 이 사람은 왜 공연을 보러 갔습니까? (   )

❶ 금요일이어서 ❷ 친구가 공연을 보여 준다고 해서

❸ 연주자가 친구여서 ❹ 바이올린 연주를 좋아해서

2) 들은 내용과 같은 것을 고르십시오. (   )

❶ 이 사람은 '예술의 전당'에서 일한다.

❷ 나는 친구의 바이올린 공연을 보러 갔다.

❸ 오늘 연주도 좋았지만 지난번 바이올린 연주만 못했다.

❹ 이 공연은 환상적이고 감동적이었다.

3) 공연을 보기 전에 이 사람은 바이올린 연주에 대해 어떻게 생각했습니까? 쓰십시오.

....

읽기 연습

1. 다음을 읽고 질문에 대답하십시오.

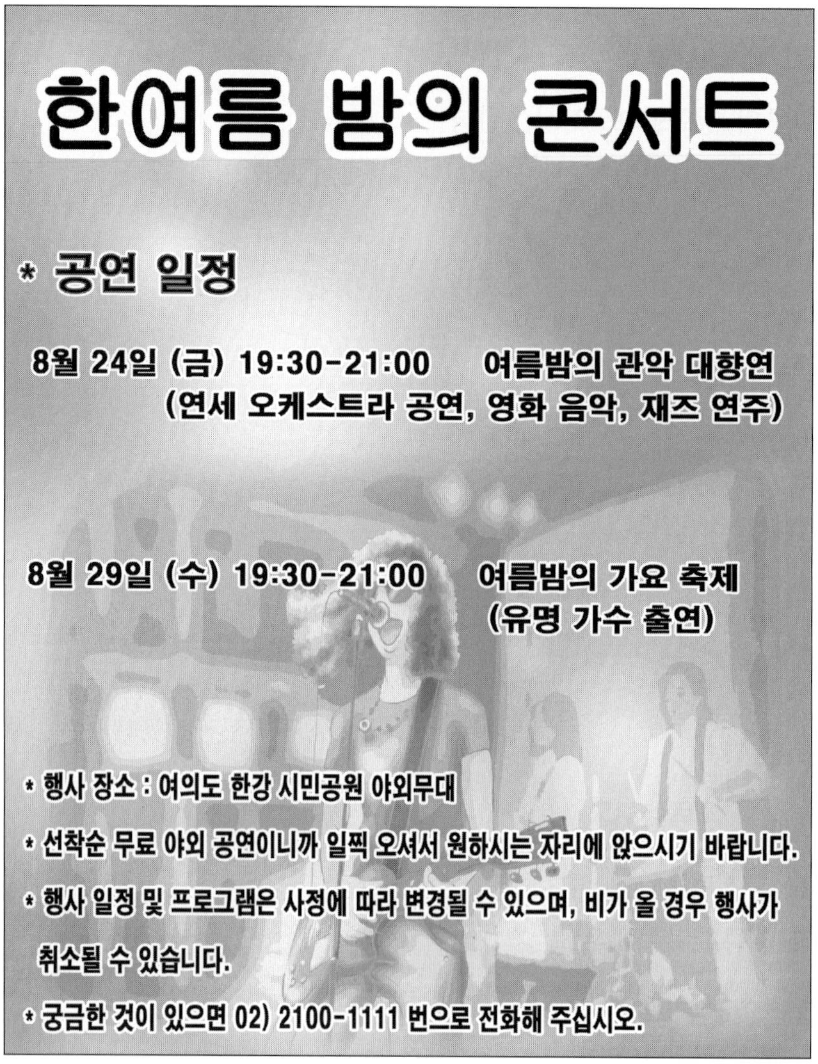

1) 글의 내용과 같으면 ○표, 다르면 ×표 하십시오.

❶ 하루만 공연을 볼 수 있다. (　　)

❷ 이 공연은 무료로 볼 수 있다. (　　)

❸ 정해진 좌석에 앉아야 한다. (　　)

❹ 비가 와도 공연을 한다. (　　)

2) 이 게시물을 보고 할 수 있는 생각이 아닌 것을 고르십시오. (　　)

❶ '일찍 가서 좋은 자리에 앉아야지.'

❷ '저녁 공연이니까 퇴근하고서 친구하고 같이 가야지.'

❸ '유명한 가수들이 많이 나오니까 비싸도 볼 만할 거야.'

❹ '오늘은 비가 오니까 공연을 하는지 전화를 해 봐야겠다.'

2. 다음 글을 읽고 질문에 대답하십시오.

올 가을에는 음악을 소재로 한 영화가 특히 많다.

한국 영화로는 음악을 통해 인생의 꿈을 찾아가는 아저씨들의 이야기인 '아름다운 청춘'과 '마이 라이프'가 있고, 외화 역시 꽤 많이 준비돼 있다. 외화 중에서 '음악은 나의 인생'은 꼭 한번 볼 만한 작품이다. 이 영화는 뮤지컬 영화라고 할 수 있는데, 신촌 영화제에서 작품상 수상 이후 그 인기가 높아지고 있다.

아일랜드를 배경으로 한 이 영화는 거리의 음악가와 체코에서 이민 온 가난한 소녀의 사랑 이야기이다. 한 번의 키스 장면도 없지만 음악을 통해 보여 주는 이들의 사랑이 가슴을 따뜻하게 만든다. 마지막 장면에 나오는 피아노와 기타로 만들어 내는 그들의 연주가 가장 인상적인 장면이라고 할 수 있다. 실제 음악가인 두 남녀 주인공의 뛰어난 음악 실력과 꾸미지 않은 연기가 돋보인다.

가족과 함께 보기에 좋은 영화다. 20일 개봉. 전체 관람가.

1) 이 글은 무슨 글입니까? (　　　)

❶ 일기　　❷ 소설　　❸ 광고　　❹ 신문 기사

2) '음악은 나의 인생'에 대한 이야기로 맞으면 ○표, 틀리면 ×표 하십시오.

❶ 영화제에서 상을 받아 인기가 더 많아졌다. (　　　)
❷ 한국을 배경으로 한 뮤지컬 영화이다. (　　　)
❸ 영화에서 음악가로 나오는 남자 주인공은 실제로도 음악가이다. (　　　)
❹ 20일부터 극장에서 볼 수 있다. (　　　)
❺ 어린이는 이 영화를 극장에서 볼 수 없다. (　　　)

3) 영화 '음악은 나의 인생'은 무슨 내용입니까? 쓰십시오.

....

말하기 · 쓰기 연습

1. 배운 문법을 사용해 친구에게 질문하고 대답하십시오.

질문	친구 1	친구 2
❶ 가장 최근에 본 공연은 뭐예요? 그 공연에 대해 간단하게 소개해 주세요. (–을 뿐만 아니라)		
❷ 공연 표는 어떻게 사세요? 직접 가서 사세요? 컴퓨터나 전화로 예매를 하세요? 왜요? (–을 뿐만 아니라)		
❸ 표를 예매한 후에 취소하거나 환불 받은 경험이 있어요? 왜 그렇게 했어요? (–는다고 해서, –고서)		
❹ 좋아하는 배우는 누구예요? 그 배우가 어때요? (–을 뿐만 아니라)		
❺ 친구들에게 추천할 만한 공연(음식점, 영화, 책……)이 있어요? 추천하는 이유는 뭐예요? (–을 만하다)		

2. 다음 글을 읽고 여러분이라면 어떻게 할지 써 보십시오. 그리고 친구와 같이 이야기해 보십시오.

나는 가수 ○○를 정말 좋아한다. 이번 달에 있는 콘서트 표를 구하지 못해 실망하고 있었는데 마침 친구가 고향에 돌아가야 해서 그 표를 판다고 했다. 사고 싶어하는 친구들이 많아서 나는 일주일 동안 매일 그 친구에게 부탁을 했다. 정말 어렵게 표를 얻었는데 표를 확인해 보니까 콘서트 날짜가 시험 전날이었다. 이번 쓰기 시험은 많이 어렵다고 하고 게다가 공부할 문법도 많아서 공부하는데 시간이 많이 걸릴 텐데……. 나는 중간시험을 못 봐서 기말 시험은 꼭 잘 봐야 한다. 그런데 ○○의 다음 콘서트는 1년 후에나 있다고 한다. ○○ 콘서트를 봐야 할까? 아니면, 시험공부를 해야 할까? 어떻게 하는 게 좋을까?

쉼터 2 - 단어를 만들어 봅시다

다음 자음으로 시작하는 단어를 만들어 봅시다. 단어를 많이 만드는 팀이 이깁니다.

ㄱ	ㄱ

결과, 결국, 고기, 공기, 관객, 광경, 광고, 귀국, 기간……

ㄱ	ㅅ

ㅅ	ㄱ

ㅅ	ㅈ

ㅇ	ㅇ

ㅊ	ㅊ

ㄱ	ㄱ	ㄹ

ㅊ	ㅂ	ㅈ

제 5 과 사람

5과 1항

어휘

1. 다음 [보기]에서 알맞은 말을 골라 빈 칸에 쓰십시오.

[보기] 능력이 뛰어나다 성공하다 유명하다 인기가 좋다 인정을 받다

❶ 그분은 열심히 노력해서 결국 (성공했어요)~~었어요/았어요/였어요~~.
❷ 그분이 여자들한테 ( )는/은/ㄴ 이유는 잘 생긴데다가 매너도 좋아서이다.
❸ 다른 사람보다 빨리 승진이 된 걸 보면 그 사람이 회사에서 ( )고 있는 거겠지요?
❹ 그 식당은 칼국수로 ( )어서/아서/여서 그 식당에 온 사람들은 모두 칼국수만 먹어요.
❺ 그 사람은 컴퓨터를 다루는 ( )어서/아서/여서 컴퓨터에 무슨 문제만 생기면 사람들은 다 그 사람을 찾는다.

2. 다음 [보기]에서 알맞은 말을 골라 빈 칸에 쓰십시오.

[보기] 실력 패션쇼 평 겨우 나오다

❶ 그 노래가 요즘 인기여서 그 가수가 텔레비전에 날마다 (나온다)~~는다/ㄴ다/다~~.
❷ 어제는 너무 피곤해서 ( ) 세수만 하고 잤다.
❸ 그 작품에 대한 ( )이/가 좋아서 상을 기대해도 될 것 같다.
❹ 지난 주말에는 디자이너인 친구의 ( )에 초대 받아서 다녀왔다.
❺ 좋은 회사에 취직하려면 먼저 ( )을/를 쌓아야 한다고 생각해요.

문법

-는 모양이다

3. '-는 모양이다'를 사용해 대화를 완성하십시오.

❶ 가 : 오늘 날씨가 좋지 않네요.

나 : 구름이 많이 낀 걸 보니까 곧 비가 올 ~~는/은/을~~ 모양이에요.

❷ 가 : 아무도 전화를 안 받아요.

나 : 집에 사람이 ______________ 는/은/을 모양이에요.

❸ 가 : 샤오밍 씨가 팔에 깁스를 하고 왔던데요.

나 : 어제 농구를 하다가 넘어졌는데 그때 ______________ 는/은/을 모양이네요.

❹ 가 : 안드레이 씨가 어디에 가지요?

나 : 책을 들고 가는 걸 보니까 ______________.

❺ 가 : 이 식당 음식이 맛있어요?

나 : 잘 모르겠지만 이렇게 사람이 많은 걸 보니까 ______________ ______________.

❻ 가 : 히로시 씨가 시험을 잘 봤대요?

나 : ______________ 는/은/ㄴ 걸 보니까 ______________ ______________.

4. 다음 그림을 보고 문장을 완성하십시오.

❶ 어머니께서 상을 차리시는 걸 보니까 가족들이 곧 저녁을 먹을~~는/은/을~~ 모양입니다.

❷ 오빠가 ______________ 는 걸 보니까 ______________ 는/은/을 모양입니다.

❸ 할아버지께서 ______________ 는 걸 보니까 ______________ 는/은/을 모양입니다.

❹ 남동생이 ______________ 는 걸 보니까 ______________ 는/은/을 모양입니다.

❺ 승연이가 ______________ 는 걸 보니까 ______________ 는/은/을 모양입니다.

❻ 아버지께서 ______________ 는 걸 보니까 ______________ 는/은/을 모양입니다.

-을 뿐이다

5. '-을 뿐이다'를 사용해 대화를 완성하십시오.

❶ 가 : 그 분을 잘 아세요?
나 : 아니요, 이름만 알 ~~을/ㄹ~~ 뿐이에요.

❷ 가 : 그림을 참 잘 그리시네요. 혹시 화가세요?
나 : 아니에요. 그림 그리는 것을 좋아해서 ______________________ 을/ㄹ 뿐이에요.

❸ 가 : 많이 편찮으시면 집에 가서 쉬세요.
나 : 아니에요. 머리가 조금 ______________________ 을/ㄹ 뿐입니다.

❹ 가 : 도와주셔서 감사합니다.
나 : 뭘요. 제가 할 일을 ______________________ 을/ㄹ 뿐인데요.

❺ 가 : 어제 같이 영화를 보시던 그 분은 남자 친구이신가요?
나 : 아니요, 같이 공부하는 ______________________________.

❻ 가 : 이번 시험 성적이 좋던데요. 무슨 비결이 있나요?
나 : 비결은요. 수업만 열심히 ______________________________.

6. 다음 메모를 보고 문장을 완성하십시오.

9월

11일(월)	미장원 가기	❶ 오늘 미장원에 가서 긴 머리를 자르고 파마를 했다. 하숙집 아주머니와 친구들이 너무 예뻐서 누군지 몰랐다고 했다. **파마만 했을** ~~을/ㄹ~~ 뿐인데…….
12일(화)	신문 발표 준비	❷ 오늘 학교에서 발표를 했다. 발표 준비 때문에 며칠 동안 잠을 자지 못했다. 지금은 아무 생각도 나지 않는다. 그냥 .... 을/ㄹ 뿐이다.
13일(수)	유카 씨에게 연락하기	❸ 지난주에 유카 씨 생일 파티에서 만난 친구가 학교에서 나한테 인사를 했다. 옆에 있던 친구들이 잘 생긴 그 친구를 소개해 달라고 했다. 그냥 파티에서 .... 을/ㄹ 뿐인데.
14일(목)	아르바이트	❹ 오늘은 기분이 몹시 나빴다. 사장님이 다른 직원들한테 내가 말이 많다고 했다. 나는 사장님 질문에 .... 을/ㄹ 뿐인데…….
15일(금)	승연 씨 집들이	❺ 오늘 승연 씨가 집들이를 했다. 그래서 수업이 끝나고 승연 씨 집에 가서 조금 도와줬다. 친구들이 음식이 맛있다고 했다. 승연 씨는 내 덕분이라고 했다. 나는 그냥 조금 .... 을/ㄹ 뿐인데.
16일(토)	가족 모임	❻ 나는 주말마다 할머니께 전화를 드린다. 친척 어른들은 모두 나를 칭찬했다. 나는 그냥 할머니께 .... 을/ㄹ 뿐인데…….

5과 2항

어휘

1. 다음 [보기]에서 알맞은 말을 골라 빈 칸에 쓰십시오.

[보기] 고집이 세다 게으르다 꼼꼼하다 냉정하다 무뚝뚝하다 성격이 급하다

❶ (냉정하다) 성격이 차갑다.

❷ (　　　) 신경을 많이 써서 실수가 별로 없다.

❸ (　　　) 자기 생각대로만 하려고 한다.

❹ (　　　) 뭐든지 빨리빨리 하려고 한다.

❺ (　　　) 일하기를 싫어한다.

❻ (　　　) 말이 많지 않고 친절해 보이지 않는다.

2. 다음 [보기]에서 알맞은 말을 골라 빈 칸에 쓰십시오.

[보기] 죽 마치 무척 옮기다 챙기다 충분하다

❶ 직장을 (옮기)고 싶은데 어디 좋은 곳이 없을까?

❷ 오후에 비가 온다고 하니까 우산 꼭 (　　　)어/아/여.

❸ 그 사람은 노래를 너무 잘 불러서 (　　　) 가수 같았다.

❹ 아이들이 먹을 거니까 이 정도면 (　　　)을/ㄹ 것 같은데요.

❺ 내가 아플 때 우리 어머니는 늘 (　　　)을/를 끓여 주셨었다.

❻ 내가 장학금을 받았다는 이야기를 듣고 아버지는 (　　　) 기뻐하셨다.

-는다면서요?

3. 다음 대화를 읽고 밑줄 친 내용을 확인하십시오.

올가 : 에릭 씨, 주말에 뭘 하셨어요?
에릭 : 저는 유카 씨하고 같이 ❶국립 극장에 갔어요.
올가 : 극장에요? 무엇을 봤어요?
에릭 : 유카 씨가 ❷발레를 좋아해서 같이 ❸'호두까기 인형'을 보고 왔어요.
올가 : 그래요? 재미있었어요?
에릭 : 네, 전에도 본 적은 있었지만 어제 공연은 특히 ❹더 재미있었어요.
올가 : 공연을 보고서 뭘 했어요?
에릭 : 유카 씨하고 극장 근처에 있는 ❺남산을 산책했어요.
올가 : 공연이 끝나고요?
에릭 : 네, 밤이어서 사람도 많지 않고 ❻야경도 아름다워서 아주 좋았어요.

[올가 씨가 유카 씨를 만나서 이야기한다.]

올가 : 어제 에릭 씨하고 같이 ❶ 국립 극장에 갔다면서요? ~~는다면서요?/다면서요?/이라면서요?~~
유카 : 네, 발레를 보러 갔어요.
올가 : 발레를 ❷ ________________ 는다면서요?/다면서요?/이라면서요?
유카 : 네, 아주 좋아해요. 두 달에 한 번쯤은 꼭 공연을 보러 가요.
올가 : 어제는 '호두까기 인형'을 ❸ ________________ 는다면서요?/다면서요?/이라다면서요?
유카 : 네, 여러 번 봤지만 볼 때마다 느낌이 다른 공연이거든요.
올가 : 어제 공연은 ❹ ________________ 는다면서요?/다면서요?/이라다면서요?
유카 : 네, 아주 재미있었어요.
올가 : 공연을 보고 에릭 씨하고 ❺ ________________ 는다면서요?/다면서요?/이라면서요?
유카 : 네, 사람이 많지 않아서 산책하기에 좋았어요.
올가 : ❻ ________________ 는다면서요?/다면서요?/이라면서요?
유카 : 네, 아주 아름다웠어요. 다음에는 올가 씨도 같이 가요.

4. 다음 대화를 완성하십시오.

❶ 가 : 에릭 씨 부모님께서 서울에 계시다면서요? ~~는다면서요?/다면서요?/이라면서요?~~

나 : 네, 그래서 주말마다 부모님 댁에 다녀온대요. 정말 부러워요.

❷ 가 : 수지 씨 여동생은 한국에 오래 살아서 ______________ 는다면서요?/다면서요?/이라면서요?

나 : 네, 한국 사람처럼 한국말을 잘 한대요.

❸ 가 : 오늘이 ______________ 는다면서요?/다면서요?/이라면서요?

나 : 아니요, 제 생일은 지났는데요.

❹ 가 : 어제 백화점에서 쇼핑했어요.

나 : 요즘 세일 기간이어서 ______________ 는다면서요?/다면서요?/이라면서요?

❺ 가 : 밍밍 씨하고 ______________ 는다면서요?/다면서요?/이라면서요?

나 : 네, 밍밍 씨가 제 비밀을 친구들한테 이야기해서요. 그래서 싸웠어요.

❻ 가 : 어제 그 축구 경기 봤어요?

나 : 보고 싶었는데 일이 너무 늦게 끝나서 못 봤어요. ______________ 는다면서요?/다면서요?/이라면서요?

YONSEI WORKBOOK 3

만하다

5. 두 문장이 같은 뜻이 되도록 만드십시오.

❶ 동생의 키가 형과 비슷해요. → 동생이 ......형...... 만해요.
❷ 우리 집과 저 집 크기가 비슷해요. → 우리 집이 .... 만해요.
❸ 고양이가 이 가방 크기와 비슷해요. → 고양이가 .... 만해요.
❹ 제 얼굴이 시디(CD) 크기와 같아요. → 제 얼굴이 .... 만해요.
❺ 제 컴퓨터가 이 공책 크기와 같아요. → 제 컴퓨터가 .... 만해요.
❻ 내 방이 교실 크기의 반 정도 돼요. → 내 방이 .... 만해요.

6. 다음 [보기]에서 단어를 골라 한국 사람들이 많이 쓰는 표현을 만드십시오.

[보기]	남산	단춧구멍	모기 소리	손바닥	주먹	쥐꼬리

❶ 목소리가 아주 작아요.
→ 목소리가 모기 소리만해요.

❷ 방이 아주 작아요.
→ .... 만해요.

❸ 배가 많이 불러요.
→ .... 만해요.

❹ 눈이 아주 작아요.
→ .... 만해요.

❺ 월급이 아주 적어요.
→ .... 만해요.

❻ 얼굴이 아주 작아요.
→ .... 만해요.

5과 3항

어휘

1. 다음 [보기]에서 알맞은 말을 골라 빈 칸에 쓰십시오.

[보기] 기부하다 낭비하다 돈을 벌다 저축하다 절약하다 투자하다

❶ (돈을 벌다) 일을 해서 돈을 자기 것으로 만들다

❷ (   ) 돈을 은행에 맡겨두다

❸ (   ) 이익을 얻으려고 돈을 쓰다

❹ (   ) 좋은 일을 하거나 다른 사람을 돕기 위해 돈을 쓰다

돈을 쓰다

❺ (   ) 돈을 아끼지 않고 쓰다

❻ (   ) 돈을 아껴서 쓰다

2. 다음 [보기]에서 알맞은 말을 골라 빈 칸에 쓰십시오.

[보기] 소식 자신 혹시 놀랍다 대단하다 말이다

❶ 오랫동안 (소식   )이/~~가~~ 끊긴 친구에게서 연락이 왔다.
❷ (   ) 김 선생님 전화번호를 알고 있으면 좀 알려 줄래?
❸ 50년 동안 잠을 자지 않은 사람이 있다는 (   )은/ㄴ 이야기를 들었다.
❹ 다른 사람과 한 약속보다 (   )과/와 한 약속을 지키는 것이 더 어렵다.
❺ 그 사람을 아십니까? 아까 학교 앞에서 인사한 사람 (   )습니다/ㅂ니다.
❻ 외국에서도 그 배우를 만나려고 오는 걸 보니까 그 배우의 인기가 (   ) 은/ㄴ 모양이에요.

문법

-기란

3. '-기란'을 사용해 두 문장을 한 문장으로 바꾸십시오.

❶ 외국어를 공부하다 / 쉽지 않은 일입니다.

→ 외국어를 공부하기란 쉽지 않은 일입니다.

❷ 직업을 바꾸다 / 보통 일이 아니에요.

→ ....

❸ 좋은 부모가 되다 / 참 어려운 일이지요.

→ ....

❹ 까다로운 사람과 일하다 / 쉬운 일은 아니지요.

→ ....

❺ 날마다 아침 운동을 하다 / 그리 쉬운 일이 아니에요.

→ ....

❻ 아르바이트를 하면서 공부를 하다 / 어려운 일이에요.

→ ....

4. 다음 글을 읽고 '-기란'을 사용해 여러분의 생각을 쓰십시오.

나 : 밍밍 씨, 한국 생활이 어때요? 많이 힘들지요?

밍밍 : 네, 날마다 하루에 네 시간씩 한국말 수업을 들어야 해서 무척 힘들어요.

나 : ❶ 외국어로 수업을 듣기란 쉬운 일이 아니지요.

밍밍 : 그리고 집이 멀어서 지각하지 않으려면 날마다 6시에 일어나야 해요.

나 : ❷ 날마다 ....

밍밍 : 날마다 숙제도 많고 꼭 해야 해요.

나 : ❸ 날마다 ....

밍밍 : 또 수업 끝나고 아르바이트도 해야 하고요.

나 : ❹ ....

밍밍 : 아르바이트를 할 때는 아무리 힘들어도 손님에게 친절하게 대해야 해요.

나 : ❺ ....

밍밍 : 아르바이트가 끝나고 집에 와서는 집안일도 해야 해요.

나 : ❻ ....

그래도 열심히 생활하는 밍밍 씨가 참 보기 좋아요. 힘내세요.

-었던 것 같다

5. 다음은 옛 조상들이 쓰던 물건들의 사진입니다. 사진을 보고 무엇을 할 때 쓰던 물건인지 [보기]에서 골라 빈 칸에 쓰십시오.

[보기]			
	곡식을 갈다	곡식을 빻다	여름을 시원하게 보내다
	실을 만들다	다림질을 하다	화장실로 사용하다

❶

이 물건으로 곡식을 빻았던 ~~었던/았던/였던~~ 것 같아요.

❷

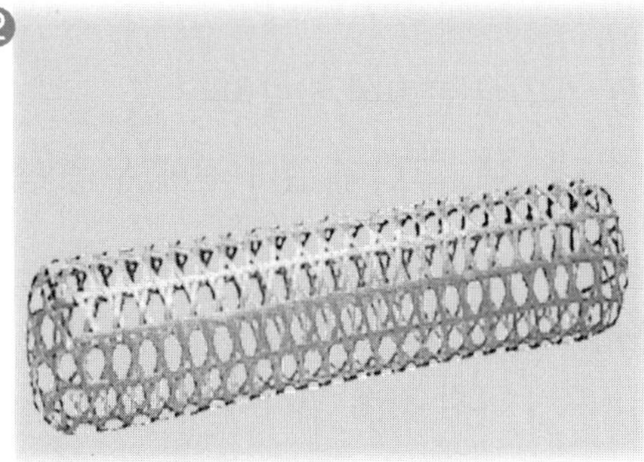

이 물건으로 ____________ 었던/았던/였던 것 같아요.

❸

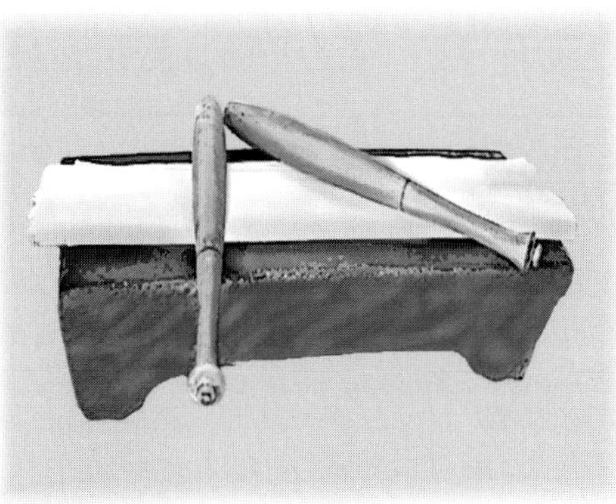

이 물건으로 ____________ 었던/았던/였던 것 같아요.

❹

이 물건으로 ____________ 었던/았던/였던 것 같아요.

❺

이 물건으로 ____________ 었던/았던/였던 것 같아요.

❻

이 물건을 ____________ 었던/았던/였던 것 같아요.

6. 다음 대화를 완성하십시오.

❶ 가 : 집에 누가 왔던 ~~었던/았던/였던~~ 것 같아요. 서랍이 다 열려 있어요.
나 : 경찰에 신고부터 해야겠어요.

❷ 가 : 이 노래는 전에 .... 었던/았던/였던 것 같아요.
나 : 네, 옛날 노래를 이 가수가 다시 부른 거래요.

❸ 가 : 이 근처에 식당이 .... 었던/았던/였던 것 같은데요.
나 : 네, 그런데 얼마 전에 문을 닫았어요.

❹ 가 : 저 사람 언제 .... 었던/았던/였던 것 같아. 낯이 많이 익어.
나 : 그럼 가서 인사해 봐.

❺ 가 : 제 안경 못 보셨어요?
나 : 조금 전 까지 식탁 위에 .... 었던/았던/였던 것 같은데요.
한번 가 보세요.

❻ (영화를 보면서)
가 : 이 영화 재미있지?
나 : 응, 그런데 전에 한 번 .... 었던/았던/였던 것 같아. 주인공도
낯이 익고 내용도 알겠어.

5과 4항

어휘

1. 이 사람은 어떤 일을 하면 좋을까요? [보기]에서 알맞은 말을 골라 빈 칸에 쓰십시오.

[보기] 교육자 사업가 언론인 연예인 정치인

❶ 새로운 소식을 사람들에게 제일 먼저 알리고 싶어요. (언론인)
❷ 제 회사를 하나 갖고 싶어요. ( )
❸ 국민들을 위해 일하고 싶어요. ( )
❹ 아이들을 좋아하고 가르치기를 좋아해요. ( )
❺ 다른 사람들 앞에서 노래하고 춤추기를 좋아해요. ( )

2. 다음 [보기]에서 알맞은 말을 골라 빈 칸에 쓰십시오.

[보기] 마음이 넓다 배려하다 존경하다 화를 내다 흐뭇하다

❶ 아버지께서는 거짓말을 한 나에게 무섭게 (화를 내셨다)~~으셨다/셨다.~~
❷ 저는 케네디 같은 정치가가 되고 싶어요. 그분을 ( )어요/아요/여요.
❸ 그 사람은 너무 자기만 생각해요. 남을 ( )는/은/ㄴ 마음부터 배워야겠다.
❹ 선생님은 우리 반 학생들의 연극을 보시고 무척 ( )어하셨다/아하셨다/여하셨다.
❺ 우리 부장님께서는 ( )으셔서/셔서 직원들의 작은 실수를 이해해 주시고 용서해 주신다.

문법

–었을 텐데

3. '–었을 텐데'를 사용해 두 문장을 한 문장으로 바꾸십시오.

❶ 힘들었을 것 같아요. / 푹 쉬세요.

→ 힘들었을 텐데 푹 쉬세요.

❷ 비행기가 도착했을 거예요. / 왜 연락이 없지?

→ ....

❸ 번거로우셨을 것 같다. / 도와주셔서 감사합니다.

→ ....

❹ 백화점에 사람이 많았을 거예요. / 힘들지 않았어요?

→ ....

❺ 날씨가 많이 추웠을 거예요. / 고생하지 않으셨어요?

→ ....

❻ 친구들은 다 돌아갔을 거예요. / 혼자서 할 수 있겠어요?

→ ....

4. 다음 대화를 완성하십시오.

❶ 가 : 교실에 가서 학생들에게 빨리 알려 줘야겠어요.

나 : 지금은 학생들이 다 돌아갔을~~었을/았을/였을~~ 텐데 내일 알려 주세요.

❷ 가 : 샤오밍 씨가 이번에 장학금을 탔어요.

나 : 그래요? 일을 하면서 공부하기가 ....었을/았을/였을 텐데 정말 대단해요.

❸ 가 : 내가 보낸 소포가 벌써 ....었을/았을/였을 텐데 왜 아직까지 연락이 없지?

나 : 소포 받으면 연락한다고 했으니까 조금만 더 기다려 봐.

❹ 가 : 내일 승연이랑 같이 그 공연을 보러 갈까 해.

나 : 그래? 승연이는 그 공연을 ....었을/았을/였을 텐데 한번 확인해 봐.

❺ 가 : 어제가 여자 친구 생일이었는데 깜빡 잊고 축하한다는 말도 못 했어요.

나 : ....었을/았을/였을 텐데 빨리 연락해 보세요.

❻ 가 : 수업이 ....었을/았을/였을 텐데 왜 아이들이 안 오지요?

나 : 걱정하지 마세요. 수업이 끝나고 친구들하고 놀다 오는 거겠지요.

5. '-거든'을 사용해 대화를 완성하십시오.

❶ 가 : 수리가 다 됐나요?

나 : 네. 다 됐습니다. 혹시 또 문제가 생기거든 서비스 센터로 연락하십시오.

❷ 가 : 다음 연휴에 고향에 좀 다녀오려고 해.

나 : 그럼 부탁 하나만 해도 될까? ....거든 우리 부모님께 선물 좀 전해 줄래?

❸ 가 : 일찍 집에 가려고요? 선생님께서 찾으시면 뭐라고 하지요?

나 : ....거든 몸이 아파서 일찍 집에 갔다고 해 주세요.

❹ 가 : 어제 연극을 보셨다면서요? 다음에는 저도 데려가 주세요.

나 : 네, ...

❺ 가 : 오늘 안드레이 씨를 만나신다면서요? ....

나 : 네, 전해 드리겠습니다.

❻ 가 : 어디 아프세요? ....

나 : 아니에요. 좀 피곤할 뿐이에요.

-거든

6. 한 주부가 외출하면서 집에 있는 아이에게 부탁하는 내용입니다. 다음을 보고 대화를 완성하십시오.

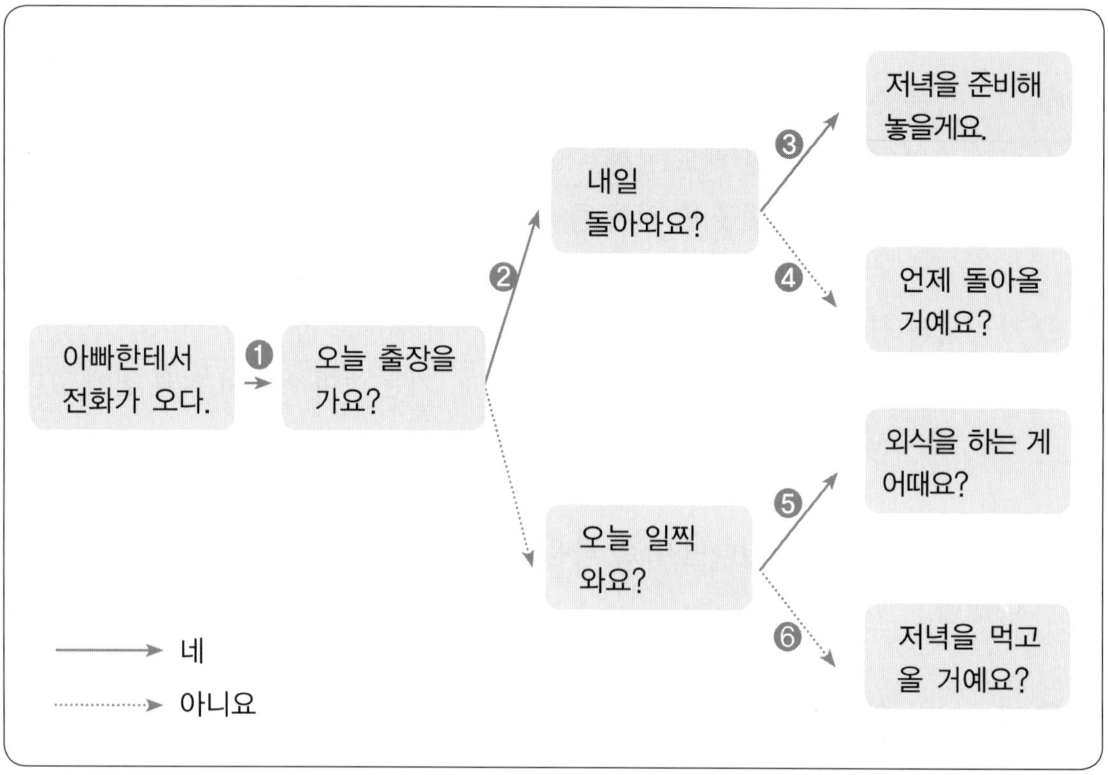

❶ 엄마가 외출한 사이에 아빠한테서 전화가 오거든 오늘 출장을 가시냐고 여쭤 봐.

❷ 출장을 ______________________ 거든 내일 돌아오시냐고 여쭤 봐.

❸ 내일 ______________________ 거든 맛있는 저녁을 준비해 놓겠다고 해.

❹ 내일 ______________________ 거든 언제 돌아오실 거냐고 여쭤 봐.

출장을 안 가신다고 하시거든 오늘 일찍 오시냐고 여쭤 봐.

❺ 오늘 ______________________ 거든 오늘 저녁은 외식을 하는 게 어떠냐고 여쭤 봐.

❻ 오늘 늦게 ______________________ 거든 ______________________.

5과 5항

어휘와 문법

1. 다음 글을 읽고 밑줄 친 곳과 바꿀 수 있는 말을 [보기]에서 찾아 쓰십시오.

[보기]	고집이 세다	기부하다	꼼꼼하다	능력이 뛰어나다	무뚝뚝하다
	성격이 급하다	성공하다	인기가 좋다	인정을 받다	정이 많다

우리 가족은 성격이 모두 다릅니다. 우리 아버지는 선생님이신데 ❶말씀이 적고 표현을 잘 하지 않는 편이어서 (　　　) 학생들에게 인기가 없는 것 같습니다. 그렇지만 ❷작은 일에도 신경을 많이 써서 실수가 없으십니다. (　　　) 우리 어머니는 ❸다른 사람에게 관심이 많고 잘 도와주는 편이어서 (　　　) ❹사람들이 좋아합니다. (　　　) 우리 언니는 피아노를 전공하고 있는데 ❺실력이 좋아서 (　　　) ❻여기저기서 상도 많이 받았습니다. (　　　) 저는 ❼뭐든지 빨리빨리 해야 하고 다른 사람을 기다리는 것을 잘 못합니다. (　　　) 또 ❽다른 사람의 생각을 듣기보다는 제 생각대로만 하는 편입니다. (　　　) 그래서 저는 회사에 취직하기보다는 사업을 해서 ❾돈도 많이 벌고 유명한 사람이 되고 싶습니다. (　　　) 그리고 그 돈을 ❿어려운 사람들을 위해 쓰고 싶습니다. (　　　)

2. 다음 [보기]에서 알맞은 말을 골라 빈 칸에 쓰십시오.

[보기]	자신	패션쇼	평	겨우	마치
	무척	인정을 받다	존경 받다	챙기다	흐뭇하다

제 친구는 유명한 디자이너입니다. 얼마 전 ❶(　　　)에서 보여준 옷들이 요즘 유행이랍니다. 친구가 디자인한 옷을 많은 사람들이 입고 다니는 걸 보면 ❷(　　　)어집니다/아집니다/여집니다. ❸(　　　) 제가 친구의 어머니가 된 것처럼 말입니다.

제 친구의 옷은 언제 입어도 예쁜 옷으로 알려져 있습니다. 이렇게 ❹(　　　)는/은/ㄴ 디자이너가 되기까지 친구는 ❺(　　　) 많은 노력을 했습니다. 하루에 ❻(　　　) 세네 시간 정도 자고 밤낮으로 열심히 노력했습니다.

또, ❼(　　　)이/가 힘들게 고생해서 그런지 후배들을 잘 ❽(　　　)어/아/여 줍니다. 그래서 후배들한테도 ❾(　　　)이/가 좋습니다. 친구의 이런 노력과 행동은 모든 사람들한테서 ❿(　　　)을/ㄹ 만하다고 생각합니다.

3. 다음 대화를 완성하십시오.

❶ 가 : 지금쯤 도착할 때가 됐는데……. 왜 안 오지?

나 : ....는/은/을 모양이에요. 조금만 더 기다려 봅시다.

❷ 가 : 바쁘실 텐데 도와주셔서 감사합니다.

나 : 뭘요. ....을/ㄹ 뿐인데요.

❸ 가 : 에릭 씨, 내일부터 ....는다면서요?/다면서요?/이라면서요? 뭐 할 거예요?

나 : 몸이 안 좋아서 집에서 쉬려고 해요.

❹ 가 : 시험이 ....는다면서요?/다면서요?/이라면서요?

나 : 아니요. 우리 반 학생들은 모두 시험을 잘 봤는데요.

❺ 가 : 제 여자 친구는 키가 좀 작아요.

나 : 지난번에 보니까 밍밍 씨하고 키가 비슷하던데요. 여자 키가 ....만하면 작은 편은 아니지요.

❻ 가 : 그 배우는 얼굴이 정말 작지요?

나 : 네. 얼굴이 ....만해요.

❼ 가 : 연세 무역에 취직했어요.

나 : 그 회사에 ....기란 ....는다고/다고/이라고 들었는데 정말 축하합니다.

❽ 가 : 우리 전통 음식들이 암을 예방하는 데 효과가 있다고 뉴스에서 들었어요.

나 : 네, 우리 조상들은 정말 ....었던/았던/였던 것 같아요.

❾ 가 : 떡볶이가 많이 ....었을/았을/였을 텐데 ....었어요?/았어요?/였어요?

나 : 네, 좀 맵기는 했지만 먹을 만했어요.

❿ 가 : 눈이 와도 산에 가나요?

나 : 아니요. 눈이 ....거든 ....지 맙시다.

4. 다음 중 맞는 문장에 ○표 하십시오.

❶ 기분이 좋은 걸 보니까 시험을 잘 본 모양입니다. ( )
시험을 잘 본 걸 보니까 기분이 좋은 모양입니다. ( )

❷ 그 사람과 저는 같은 반 친구뿐입니다. ( )
그 사람과 저는 같은 반 친구일 뿐입니다. ( )

❸ 그 회사는 일은 많은데 월급은 쥐꼬리만해요. ( )
그 회사는 일은 많은데 월급은 쥐꼬리만 못해요. ( )

❹ 뛰어가는 걸 보니까 약속 시간에 늦은 모양입니다. ( )
뛰어가는 걸 보니까 약속 시간에 늦을 모양입니다. ( )

❺ 그 사람을 벌써 만날 텐데 왜 아무 소식이 없지? ( )
그 사람을 벌써 만났을 텐데 왜 아무 소식이 없지? ( )

듣기 연습

CD: 12~13

1. 대화를 듣고 질문에 대답하십시오.

1) 이 남자가 본 여자 친구의 첫인상은 어땠습니까? 쓰십시오.

....

2) 이 남자의 여자 친구는 성격이 어떻습니까? 쓰십시오.

....

3) 들은 내용과 같으면 ○표, 다르면 ×표 하십시오.

❶ 남자는 여자 친구를 친구한테서 소개 받았다. ( )

❷ 여자는 남자의 여자 친구가 예쁘다고 다른 사람한테서 들었다. ( )

❸ 이 남자의 여자 친구는 배우이다. ( )

❹ 이 남자는 주말에 부모님께 자신의 여자 친구를 소개할 것이다. ( )

2. 이야기를 듣고 질문에 대답하십시오.

1) 들은 내용과 같으면 ○표, 다르면 ×표 하십시오.

❶ 데이비드와 친구가 된 것은 몇 달 전이었다. ( )

❷ 데이비드는 맞벌이 부부여서 경제적으로 넉넉한 것 같았다. ( )

❸ 데이비드는 대학에서 요리를 전공한 유명한 호텔의 요리사이다. ( )

❹ 데이비드는 자기가 만든 음식을 다른 사람이 행복한 마음으로 먹을 때 제일 기쁘다고 한다. ( )

❺ 데이비드는 지금 하는 일에 아주 만족해하는 것 같다. ( )

2) 이 사람은 어떤 사람이 가장 행복한 사람이라고 생각했습니까? 쓰십시오.

....

읽기 연습

1. 다음 글을 읽고 질문에 대답하십시오.

"요즘 얼마나 바쁘세요?" "빨리요, 빨리." 어느 순간 우리에게 가장 자연스러운 말이 되었다. 외국인들이 한국에서 가장 먼저 배우는 말 역시 "빨리빨리"라고 한다. 어제 만난 외국인 친구는 한국의 '빨리빨리' 문화에 강한 인상을 받았다고 했다. 자고나면 금방 여의도 공원이 생기고 청계천이 복원되는 서울은 그 어떤 도시보다 '빨리빨리' 변하는 곳이다. 그러나 너무 빨리 변하는 환경에 추억이 사라지는 것 같아 아쉽기도 하지만 한국에서만 경험할 수 있는 빠르고 정확한 서비스 문화는 정말 놀랄 만하다고 한다. 한국에서는 가전제품이나 자동차 등이 고장 나서 서비스 센터에 연락을 하면 바로 달려와서 손을 봐 준다. 또, 조금이라도 늦어지면 사과를 한다. 이런 서비스 문화는 다른 나라에서는 보기 힘들다고 한다. 바로 이런 점이 한국을 발전할 수 있게 만든 힘이라고 생각한다고 했다.

1) 글의 내용과 같으면 ○표, 다르면 ×표 하십시오.

❶ 한국에서 '빨리빨리'라는 말을 자주 들을 수 있다. ( )

❷ 한국 사람들의 생활은 아주 바쁘게 돌아가는 것 같다. ( )

❸ 서울은 다른 도시보다 빠르게 변하는 것 같다. ( )

❹ 다른 나라에서는 가전제품의 서비스를 받기가 힘들다. ( )

2) 외국인 친구가 생각하는 '빨리빨리' 문화의 좋은 점과 나쁜 점을 쓰십시오.

좋은 점 : ....

나쁜 점 : ....

2. 다음을 읽고 질문에 대답하십시오.

연세 신문

최장신 씨, 강에 빠진 일가족 3명 구해

최 씨가 구한 사람은 올해 75세의 김부영 할머니와 딸 김순희(52) 씨, 손자 김동현(3) 군 등이다.

지난 5일 오전 11시께 김순희 씨는 얼마 전에 산 새 차에 어머니와 아들을 태우고 강가에 나왔다가 강 속으로 차가 빠지는 사고를 당했다.

자동차는 물 속으로 깊이 빠지기 시작했고, 마침 근처에서 낚시를 하던 최 씨가 이 광경을 보고 119에 신고를 했다. 그 후 최 씨는 근처에 있던 로프를 들고 강 속으로 뛰어 들어갔다. 자신도 물에 빠질 수 있는 위험한 상황이었지만 최 씨는 로프를 떠내려가는 차에 걸고, 주변 사람들의 도움을 받아 차를 끌어냈다.

이 사실은 김 씨의 남편 김동필 씨가 신문사로 전화해서 알려졌다. 그러나 ㉠최 씨는 인터뷰를 하고 싶지 않다고 했다. 김동필 씨는 "장모님과 아내, 아들을 구해준 분이 너무 고마워 어떻게든 이러한 미담을 알리고 싶었다"고 말했다.

1) 읽은 내용과 같은 것을 고르십시오. (   )

❶ 최 씨가 구한 사람은 3살짜리 아이 한 명이다.

❷ 김 할머니는 딸, 손자와 같이 차를 타고 강가에 갔다가 사고를 당했다.

❸ 김순희 씨의 남편은 최 씨를 도와 자신의 아내와 아들을 구했다.

❹ 이 일은 마을 사람들이 신문사에 전화해서 알려졌다.

2) 최 씨는 뭐라고 말하면서 ㉠'인터뷰를 하고 싶지 않다'고 했을까요? 가장 적당한 것을 고르십시오. (   )

❶ 저는 인터뷰를 할 줄 몰라요.

❷ 제가 해야 할 일을 했을 뿐인데요.

❸ 너무 힘들어서 말도 하기 힘들어요.

❹ 상금을 많이 받았으니까 인터뷰를 하지 않겠습니다.

말하기 · 쓰기 연습

1. 배운 문법을 사용해 친구에게 질문하고 대답하십시오.

질문	친구 1	친구 2
① 어렸을 때 친구를 소개해 보십시오. 외모(얼굴/키)는 어땠습니까? 성격은 어땠습니까? (만하다, -었던 것 같다)		
② 어렸을 때 여러분의 성격은 어땠습니까? 지금 성격과 어떻게 달랐습니까? (-었던 것 같다)		
③ 한국에 와서 다른 사람을 도와주거나 다른 사람한테 도움을 받은 일이 있었습니까? 그럴 때 뭐라고 말했습니까? (-을 뿐이다, -었을 텐데)		
④ 여러분은 존경하는 사람이 있습니까? 그 사람을 존경하는 이유는 무엇입니까? (-기란)		

2. 다음 글을 읽고 여러분의 생각을 써 보십시오. 그리고 친구와 같이 이야기해 보십시오.

한국 사람들은 다른 사람들에게 관심이 많은 것 같습니다. 공적인 일이나 사적인 일 모두에서 그런 것 같습니다. 이런 점은 때에 따라 장점이 되기도 하고 단점이 되기도 합니다. 서로에게 무관심한 사회보다는 정이 있는 따뜻한 사회가 될 수 있다는 점에서는 장점이 되지만, 너무 지나친 관심으로 다른 사람을 피곤하거나 귀찮게 만들 수 있다는 점에서는 단점이 되기도 합니다. 남에게 관심이 많은 한국 사람에 대해 여러분은 어떻게 생각하십니까?

복습 문제 (1과 - 5과)

Ⅰ. 다음 [보기]에서 알맞은 말을 골라 빈 칸에 쓰십시오.

[보기]	경험	관심	비결	실력	거의
	겨우	뭐니 뭐니 해도	구입하다	마음먹다	배려하다
	심각하다	인상적이다	존경하다	챙기다	충분하다

1. 태우 씨는 (   )이/가 뛰어난 사람이에요.
2. 요즘 환경 문제가 아주 (   )어요/아요/여요.
3. 인생에서 제일 중요한 것은 (   ) 건강이지요.
4. 새 차를 (   )으려면/려면 비용이 얼마나 들까요?
5. 열심히 공부했는데도 (   ) 70점밖에 못 받았어요.
6. 산꼭대기에 (   ) 다 왔으니까 조금만 힘을 냅시다.
7. 제가 가장 (   )는/은/ㄴ 사람은 우리 부모님이에요.
8. 아주 젊어 보이시는데 무슨 특별한 (   )이/가 있나요?
9. 지금까지 여행한 곳 중에서 제일 (   )은/ㄴ 곳이 어디예요?
10. 하숙집 아주머니는 엄마처럼 저를 잘 (   )어/아/여 주십니다.
11. 시간이 (   )으니까/니까 서두르지 말고 천천히 준비하십시오.
12. 저는 동양의 문화에 (   )이/가 있어서 한국으로 유학을 왔어요.
13. 새해에는 꼭 내 꿈을 이루기 위해서 노력하기로 (   )었다/았다/였다.
14. 이 일은 초보자보다는 (   )이/가 많은 사람한테 맡기는 것이 좋습니다.
15. 자기 자신만 아는 사람이 아니라 남을 (   )을/ㄹ 줄 아는 사람이 되어야 한다.

Ⅱ. 어울리지 <u>않는</u> 말을 고르십시오.

1. 인사 (   )
   ❶ 인사를 받다 ❷ 인사를 나누다 ❸ 인사를 시키다 ❹ 인사를 주다
2. 수리 (   )
   ❶ 수리를 하다 ❷ 수리를 들다 ❸ 수리를 요청하다 ❹ 수리를 맡기다
3. 능력 (   )
   ❶ 능력이 있다 ❷ 능력을 받다 ❸ 능력이 뛰어나다 ❹ 능력이 없다
4. 경험 (   )
   ❶ 경험을 키우다 ❷ 경험을 쌓다 ❸ 경험을 살리다 ❹ 경험을 하다
5. 소개 (   )
   ❶ 소개를 하다 ❷ 소개를 받다 ❸ 소개를 시키다 ❹ 소개를 나누다

Ⅲ. 빈 칸에 들어갈 수 **없는** 말을 고르십시오.

1. 우리 아버지는 (   )은/ㄴ 편이에요.
   ❶ 꼼꼼하다 ❷ 냉정하다
   ❸ 정이 많다 ❹ 흥겹다

2. 그 사람은 (   )는/은/ㄴ 사람이다.
   ❶ 다양하다 ❷ 성공하다
   ❸ 유명하다 ❹ 인정을 받다

3. 저는 너무 (   )은/ㄴ 것이 문제예요.
   ❶ 게으르다 ❷ 고집이 세다
   ❸ 무뚝뚝하다 ❹ 흐뭇하다

4. 좋은 곳이 있으면 (   )어/아/여 주세요.
   ❶ 소개하다 ❷ 안내하다
   ❸ 챙기다 ❹ 추천하다

5. 큰돈이 생긴다면 저는 (   )을/ㄹ 거예요.
   ❶ 기부하다 ❷ 중요하다
   ❸ 저축하다 ❹ 투자하다

Ⅳ. 다음 밑줄친 부분을 알맞은 형태로 고치십시오.

1. 벽에 달력이 .... 어/아/여 있어요. (걸다)
2. 차를 주차장에 .... 어/아/여 놓았어요. (서다)
3. 음악 소리가 .... 는 쪽으로 걸어갔어요. (듣다)
4. 의자가 너무 높은데 좀 .... 어/아/여 주세요. (낮다)
5. 경찰한테 운전 면허증을 .... 어/아/여 줍니다. (보다)
6. 내일 아침 6시에 저를 꼭 .... 어/아/여 주세요. (깨다)
7. 이번 사건의 범인이 .... 었나요/았나요/였나요? (잡다)
8. 아기가 엄마한테 .... 어서/아서/여서 자고 있어요. (안다)
9. 사장님이 누구한테 그 일을 .... 었어요/았어요/였어요? (맡다)
10. 의자 옆에 가방이 .... 어/아/여 있으니까 가지고 오세요. (놓다)

Ⅴ. 다음 문자 메시지를 보고 간접 화법으로 고치십시오.

❶2급 때 같은 반 친구였던 율리아 씨가 오늘 한국에 와.
❷7시에 학교 앞 카페 '빈'에서 만나기로 했어.
❸너도 시간이 되면 와. ❹같이 저녁을 먹으면서 이야기하자.
❺혹시 못 오면 연락해 줘.

– 올가 –

수지 : 올가 씨한테서 문자 메시지가 왔어요.
에릭 : 올가 씨가 뭐래요?
수지 : ❶ ______________________________.
❷ ______________________________.
❸ ______________________________.
❹ ______________________________.
❺ 그리고 ______________________________.
에릭 : 좋겠네요. 저도 율리아 씨가 보고 싶은데 같이 가도 될까요?

Ⅵ. 다음 문장을 완성하십시오.

1. 날씨가 나쁜데도 ______________________________.
2. 20살 이상이 돼야 ______________________________.
3. 내가 대통령이 된다면 ______________________________.
4. 에릭 씨가 지금쯤 집에 도착했을 텐데 ______________________________.
5. 선생님이 오시거든 ______________________________.

Ⅶ. 다음 중 맞는 문장에 ○표 하십시오.

1. 수지 씨가 감기에 걸리던데요. ( )
   수지 씨가 감기에 걸렸던데요. ( )

2. 지난번에 산 구두가 참 예쁘던데요. ( )
   지난번에 산 구두가 참 예뻤던데요. ( )

3. 점심을 먹은데도 벌써 배가 고파요. ( )
   점심을 먹었는데도 벌써 배가 고파요. ( )

4. 수업이 끝나자마자 식당으로 달려갔어요. ( )
   수업이 끝나는 대로 식당으로 달려갔어요. ( )

5. 옷은 옷걸이에 걸어 놓아라. ( )
   옷은 옷걸이에 걸려 놓아라. ( )

6. 10명 이상이 신청해야 그 수업을 들을 수 있어요. ( )
   10명 이상이 신청하고서 그 수업을 들을 수 있어요. ( )

7. 쓰기 실력이 말하기 실력만해요. ( )
   쓰기 실력이 말하기 실력만 못해요. ( )

8. 전화를 받고서 나갔어요. ( )
   전화를 받아서 나갔어요. ( )

9. 그곳은 날씨도 좋은 뿐만 아니라 볼 것도 많아서 항상 관광객이 많아요. ( )
   그곳은 날씨도 좋을 뿐만 아니라 볼 것도 많아서 항상 관광객이 많아요. ( )

10. 에릭 씨와 저는 그냥 오빠, 동생 하면서 지내는 사이뿐이에요. ( )
    에릭 씨와 저는 그냥 오빠, 동생 하면서 지내는 사이일 뿐이에요. ( )

Ⅷ. 다음 [보기]에서 알맞은 문형을 골라서 한 문장으로 만드십시오.

[보기]	-어야	-는다고 하던데	-고서
	-을 뿐만 아니라	-기란	

1. 카드를 넣습니다. / 비밀 번호를 누르세요.

....

2. 자식을 잘 키웁니다. / 쉬운 일이 아닙니다.

....

3. 얼굴이 잘 생겼습니다. / 연기도 잘 합니다.

....

4. 영수증이 있습니다. / 환불 받을 수 있어요.

....

5. 학교에서 아르바이트를 할 사람을 찾습니다. / 빨리 가 보십시오.

....

Ⅸ. 다음 [보기]에서 알맞은 문형을 골라서 대화를 완성하십시오.

[보기]	-네요	-고요	-기만 하다	-던데

아이가 갑자기 열이 나고 기침을 많이 했다. 밥도 잘 못 먹고 조금만 먹어도 토했다. 병원에 갔는데 의사 선생님이 진찰을 해 보고 심각하다고 말했다. 그리고 어린이 병원이 있는 연세 병원으로 가 보라고 했다.

의사 : 어떻게 오셨습니까?

엄마 : 아이가 열이 많이 나요. ❶ ....

의사 : 밥은 잘 먹나요?

엄마 : 아니요, 밥도 못 먹고 먹으면 ❷ ....

의사 : 진찰을 해 보니까 ❸ ....
큰 병원으로 가시는 게 좋겠습니다.

엄마 : 어느 병원으로 가야 하나요?

의사 : ❹ .... 거기로 가 보세요.

[보기]	-자마자	-거든요	-고말고요
	이라든가	-는다고 하던데	

나는 방학 때 여행을 가고 싶어서 안드레이에게 같이 가지 않겠냐고 물었다. 안드레이도 좋다고 했다. 나는 부산이나 제주도에 가고 싶었는데, 안드레이가 경주에 볼 것이 많다고 해서 경주로 가기로 했다. 방학 때 가고 싶었지만 그때는 안드레이가 친구 결혼식 때문에 고향에 갔다가 와야 해서 시험이 끝나면 바로 출발하기로 했다.

히로시 : 방학 때 여행을 가려고 하는데 같이 가지 않을래?

안드레이 : ❺ ______________________.

그런데 어디로 갈 거야?

히로시 : 아직 정하지 못했어. ❻ ______________________?

안드레이 : 물론 그런 곳도 좋지만 나는 한국의 문화와 역사를 알고 싶어.

❼ ______________________.

히로시 : 그래. 그럼 이번에는 경주로 가자. 방학하는 날 가는 건 어때?

안드레이 : 미안하지만 나는 ❽ ______________________.

❾ ______________________.

히로시 : 그럼, 시험이 끝나는 대로 가자.

X. 다음 대화를 완성하십시오.

1. 가 : 커피를 많이 마셔요?
   나 : 네, ______________ 으니까/니까 ______________ 는 편이에요.
2. 가 : 저는 지금 퇴근하려고 하는데 승연 씨는 안 가세요?
   나 : 저도 지금 ______________ 으려던/려던 참이었어요. 같이 나가요.
3. 가 : 유카 씨 전화번호를 아는 사람이 있어요?
   나 : ______________ 을/ㄹ 텐데 ______________.
4. 가 : 샤오밍 씨는 어렸을 때부터 이렇게 키가 컸어요?
   나 : 아니요, ______________ 었었어요/았었어요/였었어요.
5. 가 : 회의가 곧 시작될 텐데 서류는 다 준비됐나요?
   나 : 네, ______________ 어/아/여 놓았습니다.
6. 가 : 유학을 가려면 뭐부터 준비해야 할까요?
   나 : ______________ 어야지요/아야지요/여야지요.
7. 가 : 아이에게 제일 필요한 것이 무엇이라고 생각해요?
   나 : ______________ 는다고/다고/이라고 봐요.
8. 가 : 이번에 새로 나온 제품이 어때요?
   나 : ______________ 만 못해요.
9. 가 : 주말에 뭘 하셨어요?
   나 : ______________ 는다고/ㄴ다고/다고 해서 ______________.
10. 가 : 이번에 영화제에서 상을 받은 영화를 보고 싶은데 지금도 표가 있을까요?
    나 : ______________ 을걸요/ㄹ걸요.
11. 가 : 히로시 씨가 오늘은 웃지도 않고 말도 안 하네요.
    나 : ______________ 는/은/ㄴ 모양이에요.
12. 가 : 그 사람을 잘 아세요?
    나 : 아니요, ______________ 었을/았을/였을 뿐이에요.
13. 가 : ______________ 는다면서요?/ㄴ다면서요?/다면서요?
    나 : 네, 고향으로 돌아가서 취직할 거예요.
14. 가 : 그 회사는 일이 많다고 하던데 월급도 많은 편이에요?
    나 : 아니요, ______________ 만해요.
15. 가 : 요즘은 겨울에도 별로 춥지 않은 것 같아요. 옛날에는 어땠어요?
    나 : 그때는 ______________ 었던/았던/였던 것 같아.

십자말풀이 I

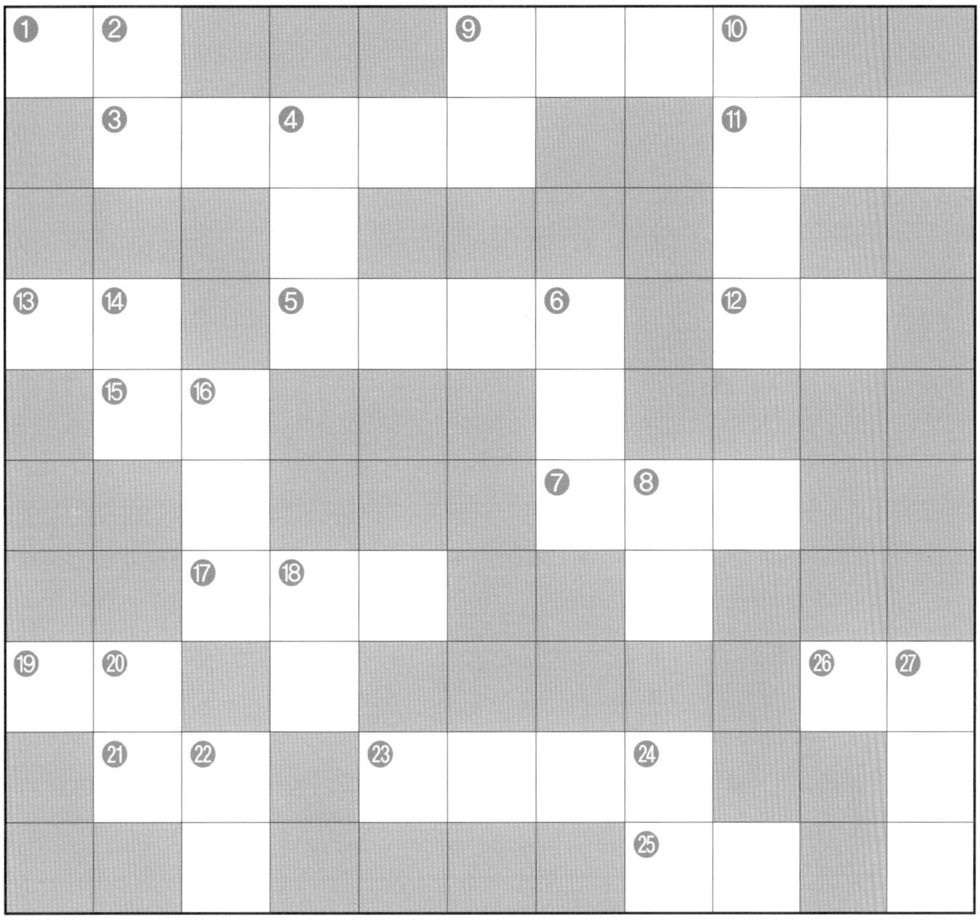

가로

❶ 예술 작품을 보거나 듣고 이해하는 것
 음악 ○○
❸ 영화를 좋아하는 사람들의 모임
❺ 깨끗하고 시원하다
❼ 여자들이 머리를 하러 가는 곳, 미용실
❾ 물건들을 모으다
⓫ 집을 옮기려고 싸 놓은 물건
⓬ 소화가 안 될 때 입으로 나오는 소리
⓭ 어떤 것을 좋아해서 알고 싶어하는 것
⓯ 서로 맺은 관계 친구 ○○
⓱ 휴대 전화가 고장나면○○○센터에 가야 함.
⓳ 편지 봉투에 붙이는 것
㉑ 건물의 출입구
㉓ 어떤 문제나 정도가 매우 심하다
 환경 오염이 ○○○○
㉕ 가입하다
㉖ 채소만 먹는 것

세로

❷ 극장에서 영화를 하는 것
❹ 움직이는 영상
❻ 다림질을 할 때 쓰는 것
❽ 오래 사는 것
❾ 물건이 고장나면 고치는 것
❿ 살을 빼려고 하는 것
⓮ 잘 하는지 못 하는지 평가하는 것
⓰ 자기가 다닌 학교와 경력을 글로 쓴 것
⓲ 자기만 아는 특별한 방법
⓴ 느낌이나 생각을 말이나 글로 나타내는 것
㉒ 공연이나 경기를 구경하는 것
㉔ 모두들
㉗ 밥을 먹는 양

부록

-듣기 지문
-모범 답안

듣기 지문

1과 1번

한국 청소년들을 대상으로 한 조사에 따르면 청소년들이 가장 즐겨 하는 취미는 '게임이나 채팅 같은 컴퓨터를 이용한 활동'이라고 합니다. 그 다음은 '음악 감상'이고 세 번째가 '텔레비전 시청'이었습니다. 일주일에 몇 시간이나 취미 활동을 하냐는 질문에는 31%가 '2시간 정도'라고 대답했습니다. 그리고 '1시간 이하'가 23%, '3시간 정도'라고 대답한 사람은 겨우 11% 정도로 다른 나라 학생들보다 취미 활동을 하는 시간이 아주 적은 것으로 조사되었습니다. 취미 활동을 하는 이유로는 '스트레스를 풀기 위해서'라는 대답이 가장 많았고, 그 다음이 '재미가 있어서', '시간이 있어서' 순이었습니다.

1과 2번

안녕하십니까? 저는 봉사 동아리 '이사모'의 회장을 맡고 있는 이정수입니다. '이사모'는 이웃을 사랑하는 모임입니다. 우리 모임은 어려운 이웃들에게 웃음과 사랑을 주기 위해서 만들어졌습니다. 저희들은 한 달에 두 번씩 노인들과 아이들을 위해 봉사 활동을 하고 있습니다. 봉사의 즐거움을 함께 하실 분들이 계시면 연락해 주십시오.

1과 3번

태우 수지야, 너희 동아리에는 신입생들이 많이 들어왔니?

수지 아니, 물어보러 온 학생들은 있었는데 가입한 사람은 얼마 되지 않아.

태우 우리도 그래. 그동안 우리 동아리를 신입생들에게 알리려고 점심시간마다 식당 근처에서 공연도 여러 번 했는데…….

수지 우리도 사진 전시회도 하고 지나가는 신입생들의 사진도 찍어 주면서 들어오라고 했는데 요즘 신입생들은 별로 관심이 없는 것 같아. 그 이유가 뭘까?

태우 요즘은 학교 동아리 활동을 하지 않아도 인터넷 동호회 같은 곳에서 활동을 할 수 있기 때문에 그런 것 같아.

수지 네 말을 들으니까 그런 것 같기도 하다.

2과 1번

올해 새로 대학교에 입학한 신입생들 400명에게 아르바이트에 대해서 설문 조사를 한 결과, 97%가 아르바이트를 희망하는 것으로 나타났습니다. 왜 아르바이트를 하고 싶냐는 질문에 62%가 '용돈을 벌기 위해서'라고 대답했습니다. 이어서 '학비를 벌기 위해서'라는 대답이 24%, '경험을 쌓고 싶어서'가 10.9%순으로 아르바이트를 희망하는 신입생들의 80% 이상이 돈을 벌기 위해서 아르바이트를 하고 싶어 하는 것으로 조사됐습니다.

또한 아르바이트를 해서 받은 돈으로 가장 하고 싶은 것은 '부모님 선물 구입'이라고 대답한 학생들이 많았으며, 2위는 '평소 갖고 싶었던 물건 구입'이었고, 3위는 '여행'이었습니다.

2과 2번

주말에 등산을 갔어요. 산에 올라갈 때는 날씨가 좋았는데 내려올 때는 비가 와서 비를 맞으면서 내려왔어요. 그런데 집에 와서 보니까 빗물이 들어가서 그런지 휴대 전화가 걸리지 않았어요. 할 수 없이 오늘 서비스 센터에 가서 맡겼는데 사람이 많다고 하면서 1시간 후에 다시 오라고 했어요. 그래서 간단히 식사를 하고 오니까 직원이 수리를 하려면 돈이 좀 많이 드는데 수리를 하겠냐고 물었어요. 휴대 전화기 안에 물이 들어가서 고치려면 몇 십만 원이나 든대요. 휴대 전화 값보다 수리비가 더 비쌌어요. 이럴 때 배보다 배꼽이 더 크다고 말하나 봐요. 그 돈이면 새로 사는 것이 더 나을 것 같아서 그냥 나왔어요.

2과 3번

어제 이사를 하고 이사 떡을 돌렸어요. 우리 옆집과 바로 밑의 집만 돌리려고 하다가 그동안 집수리 때문에 시끄럽게 한 게 미안하기도 하고 또 앞으로 계속 살 텐데 얼굴도 보고 인사하는 것이 좋을 것 같아서 1층부터 10층까지 모두 돌리기로 했어요. 처음에는 벨을 누르기도 어색하고 누구냐는 물음에 빨리 대답이 안 나왔지만 조금 지나니까 괜찮아졌어요. 대부분 떡을 받고 좋아하셨어요. 다 돌리고 나니까 힘도 들고 시간도 걸렸지만 기분이 좋았어요. 떡을 받고 앞으로 잘 지내자고 하면서 과일을 가지고 오신 아주머니도 있었고 내 나이와 비슷해 보이는 8층 여자는 내일 자기 집으로 차를 마시러 오라고 했어요. 처음에는 떡을 돌릴까 말까 고민했는데 떡을 돌리기를 잘한 것 같아요. 나도 나중에 다른 사람이 이사 떡을 가져오면 우리 집으로 초대해서 차 한 잔 마시면서 친해져야겠어요.

3과 1번

대중교통의 발달과 과학의 발달로 우리 생활은 점점 편리해지고 있지만 다른 한편으로는 새로운 문제점이 나타나고 있습니다. 이것이 부족해서 비만이 되거나 고혈압, 심장병 등 여러 가지 질병에 걸리기도 합니다. 이제 현대인들은 시간을 내서 특별히 이것을 하지 않으면 건강한 생활을 하기 어렵습니다. 현대인의 건강이 나빠지는 것이 바로 이것의 부족 때문입니다.

3과 2번

앵커 장수를 하려면 어떻게 해야 할까요? 이승연 기자가 자세히 알려 드리겠습니다.

기자 장수를 하려면 충분한 수면을 취하고 규칙적인 식사를 해야 한다고 합니다.
한국 대학교에서 국내 90세 이상 노인 168명의 식습관과 생활 습관을 조사한 결과 9시간 이상 자고, 식사는 하루 세 번 규칙적으로 하는 것으로 나타났습니다. 또 야채, 된장, 두부 같은 식물성 식품을 즐기는 것으로 조사됐는데, 동물성 식품도 자주 먹어 영양의 균형을 유지하는 것이 장수의 비결이라고 합니다. 또 이들의 80%는 가족과 같이 식사한다고 대답했으며 그래서 식사시간이 즐겁다는 노인도 85.7%나 됐습니다. 또, 술을 마시거나 담배를 피우는 사람은 20% 밖에 되지 않았습니다. 보약이나 영양제 등 건강식품을 먹는 사람도 별로 많지 않아 건강식품이 장수에 큰 도움이 되지 않는 것으로 조사됐습니다.

듣기 지문

3과 3번

조깅은 달리기보다는 느리게, 그리고 평소의 걸음보다는 조금 빠르게, 옆 사람과의 대화가 가능할 정도로 달리는 운동입니다. 조깅도 다른 운동과 같이 항상 5~10분 정도의 준비 운동을 해야 하고 운동 시간은 30분~1시간 정도가 적당합니다. 초보자의 경우 3~4분은 걷고 1~2분은 달리는 방법으로 시작해서 달리는 거리를 점차 늘려 가는 것이 좋습니다.

4과 1번

샤오밍 요즘 볼 만한 영화 뭐 있어요?

승연 '사랑'이라는 영화가 볼 만하다고는 하던데 샤오밍 씨는 어떨지 모르겠네요.
여자들이 좋아하는 영화라고 해서요.

샤오밍 잘 됐네요. 여자 친구하고 보러 가려고 했거든요.

승연 요즘 제 친구들도 만나면 다들 그 영화 얘기뿐이에요. 저도 시간이 나면 보러 가려고요.

샤오밍 그럼 이번 주말에 여자 친구하고 꼭 봐야겠는데요.

승연 이번 주말이요? 그럼 좀 서둘러야 할걸요. 주말엔 더 빨리 표가 매진된다고 하던데요.

샤오밍 그래요? 그럼 오늘 가서 예매해야겠네요. 고마워요.

4과 2번

지난주 금요일에 예술의 전당에서 일하는 친구가 좋은 공연을 보여 줄 테니까 오라고 해서 갔습니다. 친구를 만나서 표를 찾고 자리에 앉아서 무슨 공연인지도, 누가 나오는지도 모르면서 공연 시작을 기다렸답니다. 커튼이 올라가고 바이올린을 든 연주자를 보고 '좀 지루하겠구나.'하는 생각을 했습니다. 그러나 몇 분 지나지 않아서 저는 그 음악에 빠져 들었습니다. 수면제 같다고만 생각했던 바이올린 소리가 그렇게 아름다운지 처음 알았습니다. 어렵고 지루하기만 할 거라고 생각한 한 시간 반 동안의 공연은 그 시간이 너무 짧게 느껴질 정도로 환상적이고 감동적이었습니다. 가끔 이런 공연을 찾아 감상하는 것도 좋겠다고 생각했습니다.

5과 1번

수지 너 여자 친구 생겼다면서?

에릭 응.

수지 우와, 정말 축하한다. 그런데 여자 친구랑 어떻게 만난 거야?

에릭 안드레이가 소개해 줬어. 안드레이하고 2급 때 친구였대.

수지 그렇구나. 여자 친구가 굉장히 미인이라면서?

에릭 응, 눈이 아주 크고 예뻐서 마치 배우 같아. 머리는 까맣고 피부도 우유처럼 하얘서 뭘 입어도 잘 어울리고.

수지 그래? 성격은 어떤데?

에릭	첫인상은 좀 냉정하고 고집이 세어 보여서 별로였는데 몇 번 만나 보니까 첫인상과는 정말 달랐어. 정이 많을 뿐만 아니라 다른 사람을 잘 배려해 줘. 그래서 친구들한테도 인기가 정말 많대.
수지	좋은 여자 친구를 만난 것 같네. 자랑 그만하고 언제 한번 소개 시켜 줘.
에릭	그래. 그럼 이번 주말에 같이 저녁 먹을까? 여자 친구한테 물어보고서 전화할게.

5과 2번

제 친구 데이비드를 소개합니다,

제가 데이비드를 알게 된 것은 한 3년쯤 전입니다. 우리는 만난 지 얼마 지나지 않아서 아주 좋은 친구가 되었답니다. 회사원인 부인과 두 아들을 키우고 있는 데이비드는 요리사인데, 경제적으로 넉넉해 보이지는 않았지만 마음만은 큰 부자인 것 같았습니다.

어느 날 같이 커피를 마시면서 이야기를 하다가 이 친구가 일류 대학교에서 공학을 전공했다는 것을 알게 되었습니다. 제가 왜 요리사가 되었냐고 하니까 이 친구는 음식을 만드는 일이 너무 좋고 자기가 만든 음식을 다른 사람이 행복한 마음으로 먹어 줄 때 제일 기쁘다고 했습니다.

그리고 얼마 뒤에 그 친구가 일하는 식당에 놀러 간 일이 있었습니다. 행복한 미소를 지으며 일하는 모습을 보고 저는 무슨 일을 하든지 자기가 하는 일에 만족을 하면서 기쁜 마음으로 일을 하는 사람이 이 세상에서 가장 행복한 사람이 아닐까 하는 생각을 하게 되었습니다.

모범 답안

제1과 취미

1과 1항

1. ❷ 악기 ❸ 우표 ❹ 낚시 ❺ 자전거 ❻ 음악
2. ❷ 거의 ❸ 모으 ❹ 가능하면 ❺ 마음을 먹었어요. ❻ 시간을 내서
3. ❷ 구경 온 사람들이 많던데요. ❸ 오래된 건물과 연못이 있어서 아주 멋있던데요. ❹ 사진을 찍던데요. ❺ 민속 박물관이 있던데요. ❻ 옛날 사람들의 생활 모습을 알 수 있어서 좋던데요.
4. ❷ 식당에서 김밥을 먹던데요. ❸ 수지 씨는 복도에서 전화하던데요. ❹ 에릭 씨는 친구와 아야기하던데요. ❺ 히로시 씨는 식당에서 숙제를 하던데요. ❻ 엘리베이터가 고장났던데요.
5. ❷ 비싸 ❸ 노래를 잘 하 ❹ 크 ❺ 예쁘 ❻ 시험을 잘 봤
6. ❷ 닮았 ❸ 젊으시 ❹ 많이 먹었 ❺ 가 ❻ 뚱뚱하시

1과 2항

1. ❷ 연주회를 ❸ 전시회를 ❹ 상영이
2. ❷ 완성하는 ❸ 주로 ❹ 등록했어요. ❺ 인물화, 풍경화가
3. ❷ 먼 ❸ 지키는 ❹ 먹는 ❺ 본 ❻ 한
4. ❷ 공부하는 시간이 적은 편입니다. ❸ 술을 자주 마시는 편입니다. ❹ 한국 대학생들에 비해서 아르바이트를 많이 하는 편입니다. ❺ 한국 대학생들에 비해서 용돈을 많이 쓰는 편입니다. ❻ 한국 대학생들에 비해서 휴대 전화를 적게 사용하는 편입니다.
5. ❷ 커피도 맛없고요. ❸ 깨끗해요. 시설도 좋고요. ❹ 비싸요. 사람도 많고요. ❺ 책이 많아요. 값도 싸고요. ❻ 복잡해요. 친절하지도 않고요.
6. ❷ 외국인만 가능해요. 해외 교포도 가능하 ❸ 10% 할인이 돼요. 10만 원 이상 사면 상품권도 주고요. ❹ 한국 무용을 본다고 해요. 탈춤도 배우고요. ❺ 3,000원짜리 주스를 2,000원에 팔아서요. 두 개 사면 하나를 더 주고요. ❻ 2급 학생들만 참가해요. 오후반 2급 학생들도 참가할 수 있고요.

1과 3항

1. ❷ 국악 동아리 ❸ 여행 동아리 ❹ 등산 동아리 ❺ 합창 동아리 ❻ 봉사 동아리
2. ❷ 고민이에요. ❸ 관심이 ❹ 들려면 ❺ 괜히 ❻ 동영상을
3.

오늘은 평일입니다.	친구가 오지 않아요.
그 물건이 비쌉니다.	대답을 못 했어요.
그것에 대해서 잘 압니다.	백화점에 사람이 많아요.
뉴스를 날마다 듣습니다.	듣기 성적이 좋아지지 않아요.
밥을 안 먹었습니다.	사는 사람이 많아요.
약속 시간이 지났습니다.	배가 고프지 않아요.

❷ 그 물건이 비싼데도 사는 사람이 많아요
❸ 그것에 대해서 잘 아는데도 대답을 못 했어요.
❹ 뉴스를 날마다 듣는데도 듣기 성적이 좋아지지 않아요.
❺ 밥을 안 먹었는데도 배가 고프지 않아요.
❻ 약속 시간이 지났는데도 친구가 오지 않아요.

4. ❷ 옷이 많은데도 ❸ 이미 끝난 일인데도 ❹ 잘못을 했는데도 ❺ 할 일이 없는데도 항상 바쁘다고 해요. ❻ 여자 친구가 있는데도 다른 여자들한테 관심이 많아요.
5. ❷ 사 ❸ 놀 ❹ 웃 ❺ 쓰 ❻ 떠들
6. ❷ 게임 ❸ 전화 ❹ 먹 ❺ 집안일 ❻ 잔소리만

1과 4항

1. ❷ 봉사 활동 ❸ 비디오 촬영 ❹ 음악 감상 ❺ 스포츠 관람
2. ❷ 조사는 ❸ 험해서 ❹ 결과가 ❺ 따르면 ❻ 별로
3. ❷ 교실에서 나갔어요. ❸ 버스가 고장이 났어요. ❹ 아이스크림을 사 ❺ 집에 돌아오 ❻ 아침에 일어나자마자 물을 마셨어요.
4. ❷ 끊어졌어요. ❸ 시험이 끝나, 아르바이트를 하러 가야 해요. ❹ 도착하, 연락 드릴게요.

❺ 수업이 끝나자마자 친구를 만나러 갔어. ❻ 용돈을 받자마자 다 썼어요.

5. ❷ 모임 장소는 동아리 방이래요. ❸ 중요한 문제에 대해서 이야기해야 하니까 모두 다 꼭 오래요. ❹ 다른 사람들을 생각해서 늦지 말래요. ❺ 모임이 끝난 후에 식사를 같이 하재요. ❻ 그날 못 오는 사람들은 미리 동아리 회장한테 연락해 달래요.
6. ❷ 한국 사람들이 가장 즐겨 찾는 산이 설악산이래요. ❸ 겨울에 더 아름답대요. ❹ 겨울에도 사람들이 많이 찾는대요. ❺ 3시간 정도면 갈 수 있대요. ❻ 전화하래요.

1과 5항

1. ❶ 감상 ❷ 관람 ❸ 촬영 ❹ 상영 ❺ 연주 ❻ 봉사 ❼ 여행 ❽ 오락 ❾ 전시 ❿ 수집
2. ❶ 고민을 ❷ 마음먹었다. ❸ 학원 ❹ 등록했다. ❺ 동아리 ❻ 관심이 ❼ 동영상 ❽ 촬영해서 ❾ 홈페이지 ❿ 괜히
3. ❶ 아주 좋 ❷ 잘 그렸 ❸ 일주일에 두세 번 가니까 자주 가는 ❹ 만두도 먹 ❺ 배웠는데도 잘 모르겠어요. ❻ 누워 있 ❼ 전화가 오, 연락해 드릴게요. ❽ 아직 안 왔대요. ❾ 열심히 공부하래요. ❿ 친구가 만나재요.
4. ❶ 어제 본 영화가 재미있던데요. (○)
   ❷ 아까 태우 씨가 도서관에 가던데요. (○)
   ❸ 요리하는 것을 좋아하는 편이지만 시간이 없어서 자주 못 해요. (○)
   ❹ 안드레이 씨는 똑똑하지만 성격이 좋지 않아요. (○)
   ❺ 퇴근하자마자 친구를 만나러 갔어요. (○)
5. ❶ 큰 오빠가 다음 달에 결혼한대요. ❷ 빨리 하게 되었대요. ❸ 그때는 방학이니까 올 수 있냬요. ❹ 비행기 표부터 예약하래요. ❺ 결혼 선물을 사러 가재요. ❻ 가수 김 빈의 새로 나온 시디(CD)를 사 가지고 오래요.

듣기 연습

1

	가장 즐겨 하는 취미	취미활동을 하는 시간	취미활동을 하는 이유
1위	컴퓨터를 이용한 활동	2시간 정도 /1주일	스트레스를 풀기 위해서
2위	음악 감상	1시간 이하 /1주일	재미가 있어서
3위	텔레비전 시청	3시간 정도 /1주일	시간이 있어서

2. 1) 이웃을 사랑하는 모임 2) 한 달에 두 번씩 노인들과 아이들을 위해 봉사 활동을 한다. 3) ❷
3. 1) ❸ 2) ❷ 3) 학교 동아리 활동을 하지 않아도 인터넷 동호회 같은 곳에서 활동을 할 수 있기 때문이다.

읽기 연습

1) ❶ ○ ❷ ○ ❸ × ❹ × ❺ ×
2) 인라인 스케이트를 좀 더 타기 위해서
3) ❶ 나이가 많아서 ❷ 아무나 할 수 없다고 생각해서

말하기 · 쓰기 연습

(생략)

제2과 일상생활

2과 1항

1. ❷ 인사를 드렸어요. ❸ 인사를 받으신 ❹ 인사를 시키셨어요. ❺ 인사를 나눈
2. ❷ 맛을 보세요. ❸ 궁금한 ❹ 부탁하면 ❺ 그렇지 않아도
3. ❷ 지금 끄려던 참이었어요. ❸ 지금 막 주문하려던 참이었어. ❹ 전화하려던 참이었어. ❺ 나가려던 참이었어요. ❻ 커피를 마시려던 참이었어요.
4. ❷ 지금 하려던 참이었어요. ❸ 끄려던 참이었어요. ❹ 퇴근하려던 ❺ 전화하려던 참이었어. ❻ 막 나가려던 참이었어.

모범 답안

5.

거기는 춥습니다.	미리 준비하세요.
백화점은 비쌉니다.	안으로 들어갑시다.
가족들이 걱정합니다.	오늘 밤에 출발합시다.
곧 영화가 시작됩니다.	시장에 가는 게 어때요?
내일 아침은 교통이 복잡합니다.	두꺼운 옷을 가져가세요.
취직할 때 성적 증명서가 필요합니다.	빨리 집에 전화하세요.

❷ 백화점은 비쌀 텐데 시장에 가는 게 어때요?
❸ 가족들이 걱정할 텐데 빨리 집에 전화하세요.
❹ 곧 영화가 시작될 텐데 안으로 들어갑시다.
❺ 내일 아침은 교통이 복잡할 텐데 오늘 밤에 출발합시다.
❻ 취직할 때 성적 증명서가 필요할 텐데 미리 준비하세요.

6. ❷ 무거우실 ❸ 시장하실 ❹ 바쁘실, 부탁을 드려서 죄송합니다. ❺ 피곤하실

2과 2항

1. ❷ 다림질을 할 ❸ 다듬 ❹ 염색했어요. ❺ 드라이클리닝해야 ❻ 굽을 갈아야
2. ❷ 앞머리가 ❸ 찔러서 ❹ 유행이에요. ❺ 자르려고 ❻ 짙은
3. ❷ 작 ❸ 매운 걸 못 먹 ❹ 모레 입어야 하거든요. ❺ 머리가 아프거든요. ❻ 학생증을 잃어버렸거든요.
4. ❷ 글을 재미있게 쓸 수 있거든요. ❸ 화장하는 것을 좋아하거든요. ❹ 음악을 좋아해서 음악에 대해서 좀 알거든요. ❺ 연극에 필요한 물건들을 가지고 있거든요. ❻ 전에 무대를 꾸며 본 적이 있거든요.
5. ❷ 되고말고. ❸ 알고말고요. ❹ 잘 해 주고말고요. ❺ 주고말고. ❻ 있고말고.
6. ❷ 가능하 ❸ 설치해 드리 ❹ 박아 드리고말고요. ❺ 그럼요, 해 드리고말고요. ❻ 받을 수 있고말고요.

2과 3항

1. ❷ 경력자가 ❸ 시간제예요. ❹ 보수는 ❺ 자기소개서와 ❻ 이력서를
2. ❷ 경험을 ❸ 다들 ❹ 힘들어해요. ❺ 근무 시간이 ❻ 구하
3. ❷ 김포 공항에 내렸었다. ❸ 눈이 왔었다. ❹ 아주 조용한 동네였었다. ❺ 작고 예쁜 집들이 많았었는데……. ❻ 공기도 아주 좋았었다.
4. ❷ 날마다 친구들하고 늦게까지 놀아서 자주 야단을 맞았었어. ❸ 숙제를 안 해서 수업이 끝난 후에 벌로 청소를 한 적이 많았었어. ❹ 어렸을 때 아주 말랐었어. 별명이 갈비였었어. ❺ 친구들한테 맛있는 것을 잘 사 줘서 인기가 좋았었어. ❻ 어렸을 때는 동생인 나를 잘 때렸었어.
5. ❷ N서울타워가 전망이 좋던데 거기에 가 보세요.
   ❸ 강화도가 가깝고 볼 것도 많던데 거기에 가 보세요.
   ❹ 외국인들이 불고기를 좋아하던데 불고기를 준비하세요.
   ❺ 여자들은 꽃을 좋아하던데 꽃을 선물하세요.
   ❻ 동대문 시장에 물건이 많던데 동대문 시장에 가 보세요.
6. ❷ 재미있는 놀이 기구가 많 ❸ 비싸 ❹ 자장면이 맛있 ❺ 맛있고 깨끗하 ❻ 멋있

2과 4항

1. ❷ 사용 설명서를 읽어 ❸ 전화로 문의해 ❹ 서비스 센터에 맡겨야 ❺ 수리를 받을 ❻ 서비스 센터에서 찾을
2. ❷ 수리하 ❸ 비용을 ❹ 무료로 ❺ 구입하려고 ❻ 맡기는
3. ❷ 쫓기고 ❸ 물렸을 ❹ 팔려요. ❺ 닫혀 ❻ 풀렸어요.
4. ❷ 들렸다. ❸ 열렸다. ❹ 안겨 ❺ 걸려 ❻ 쌓여 ❼ 잡혔다. ❽ 쓰여
5. ❷ 나는 청소기를 돌려 놓을게. ❸ 나는 다림질을 해 놓을게. ❹ 파티에 입고 갈 드레스를 만들어
   ❺ 나는 유리 구두를 사 놓았어.
   ❻ 나는 타고 갈 자동차를 빌려 놓았어.
6. ❷ 케이크를 사 놓았습니다. ❸ 꽃을 꽂아 놓았습니

다. ④ 선물을 사 놓았습니다. ⑤ 풍선을 달아 놓았습니다. ⑥ 촛불을 켜 놓았습니다.

2과 5항

1. ❶ 다림질하다, 드라이클리닝하다 ❷ 짐을 싸다, 짐을 옮기다 ❸ 머리를 다듬다, 염색하다 ❹ 구두를 닦다, 굽을 갈다 ❺ 고장 나다, 수리하다
2. ❶ 궁금하다 ❷ 질다 ❸ 구입하다 ❹ 경험 ❺ 구하다 ❻ 맡기다 ❼ 수리하다 ❽ 인사
3. ❶ 가려던 ❷ 힘드실, 바쁘실 ❸ 다음 주에 시험이 있 ❹ 갈 수 있 ❺ 사무실에 계시 ❻ 학교였었어요. ❼ 보여서요. ❽ 팔렸어요.❾ 창문을 열어 ❿ 메모해
4. ❶ 아기가 엄마한테 자꾸 안기려고 해요. (○)
   ❷ 경찰이 도둑을 잡으려고 쫓아갑니다. (○)
   ❸ 잠을 많이 잤는데도 피로가 풀리지 않아요. (○)
   ❹ 모기한테 물리면 가려워서 잘 수가 없어요. (○)
   ❺ 창문을 열고 밖을 보니까 놀고 있는 아이들이 보입니다. (○)
   ❻ 손님이 오시면 바쁘니까 미리 음식을 그릇에 담아 놓으세요. (○)

듣기 연습

1.

	아르바이트를 하려는 이유	아르바이트를 해서 받은 돈으로 하고 싶은 것
1위	용돈을 벌기 위해서	부모님 선물 구입
2위	학비를 벌기 위해서	갖고 싶었던 물건 구입
3위	경험을 쌓고 싶어서	여행

2. 1) ❹ 2) 휴대 전화를 산 가격보다 수리비가 더 많이 들기 때문입니다.
3. 1) ❶ 그동안 집수리 때문에 시끄럽게 한 게 미안해서 ❷ 앞으로 계속 살 거니까 이웃 사람들에게 인사하는 것이 좋을 것 같아서 2) ❸

읽기 연습

1. 1) ❷ 2) ❷ 3) ❶ 재활용을 하기 위해서 ❷ 환경오염도 막기 위해서

말하기 · 쓰기 연습

(생략)

쉼터 1

★단어 게임

❶ 가재, 거위, 고래, 독수리, 오리……
❷ 공책, 구두, 라디오, 만화, 바지, 부츠, 상자, 셔츠, 운동화, 치약 ……
❸ 간장, 갈비, 과자, 마늘, 복숭아, 소금, 참외, 치즈 ……
❹ 경주, 마산, 부산 ……
❺ 가게, 간단, 고교, 구두쇠, 기분, 다시, 먹보, 소년, 아파트, 안부, 우주, 운동, 운반, 울보, 지하, 치과, 화원 ……

제3과 건강

3과 1항

1. ❷ 불면증 ❸ 비만 ❹ 고혈압이니까 ❺ 흡연 ❻ 운동 부족
2. ❷ 안색이 ❸ 뭐니 뭐니 해도 ❹ 잃으면 ❺ 무리하 ❻ 몸살이 났다.
3. ❷ 여권이 있어야 비행기를 탈 수 있어요. ❸ 일찍 가야 좋은 자리에 앉을 수 있어요. ❹ 사장님이 오셔야 회의를 시작할 수 있어요. ❺ 오늘까지 등록해야 수업을 들을 수 있어요. ❻ 18세 이상이 되어야 운전면허 시험을 볼 수 있어요.
4. ❷ 좋은 재료를 써야 맛있는 음식을 만들 수 있어요. ❸ 하루도 빠지지 않고 운동을 해야 금메달을 딸 수 있어요. ❹ 음식을 골고루 잘 먹고 규칙적인 생활을 해야 슈퍼 모델이 될 수 있어요. ❺ 항상 손님들께 최선을 다 해야 자동차를 많이 팔 수 있어요. ❻ 다양한 경험을 많이 해야 좋은 영화를 만들 수 있어요.
5. ❷ 고등학교 때로 다시 돌아간다면 공부를 열심히 하고 싶어요. ❸ 앞으로 1년밖에 살 수 없다면 남은 시간을 가족과 같이 보내고 싶어요. ❹ 내가 부모라면 공부하라고 하지 않겠어요. ❺ 아무도 없는 섬에

혼자 간다면 강아지를 데리고 가고 싶어요. ❻ 옛날 사람을 만날 수 있다면 돌아가신 할아버지를 만나고 싶어요.

6. ❷ 복권에 당첨된다면 큰 집을 사고 싶어요. ❸ 이 세상에서 전쟁이 없어진다면 평화로운 세상이 될 거예요. ❹ 한국말을 한국 사람처럼 잘 한다면 한국 회사에서 일하고 싶어요. ❺ 옛날로 돌아갈 수 있다면 초등학교 때로 돌아가고 싶어요. ❻ 남자로 다시 태어난다면 군대에 한번 가 보고 싶어요./여자로 다시 태어난다면 치마를 입어 보고 싶어요.

3과 2항

1. ❷ 줄 ❸ 생길 ❹ 소모할 ❺ 풀릴
2. ❷ 식욕이 ❸ 노력을 ❹ 유지하려면 ❺ 상쾌해요 ❻ 깨웠지만
3. ❷ 자야지요. ❸ 적어 놓아야지요. ❹ 자주 전화를 드려야지요. ❺ 돈을 아껴 써야지요. ❻ 빨리 반납을 해야지요.
4. ❷ 그럼 운동을 해야지요. ❸ 그럼 열심히 일을 해야지요. ❹ 그럼 외국어 공부를 열심히 해야지요. ❺ 그럼 먼저 담배를 끊어야지요. ❻ 그럼 먼저 운전을 배워야지요.
5. ❷ 죽였어요. ❸ 울렸어요. ❹ 세웠어요. ❺ 태웠어요. ❻ 맡겼어요.
6. ❷ 벗겨 ❸ 먹여 ❹ 알리지 ❺ 끓이세요. ❻ 재우세요.

3과 3항

1. ❷ 발효 식품 ❸ 생선류 ❹ 인스턴트 식품 ❺ 육류
2. ❷ 번거롭 ❸ 대표적인 ❹ 건강식을 ❺ 김장을 ❻ 손이 많이 가는
3. ❷ 공이라든가 자동차, 장난감을 사 주세요. ❸ 잡지라든가 만화책, 책이 좋을 것 같아요. ❹ 목걸이라든가 귀걸이, 액세서리를 받으면 기뻐할 거예요. ❺ 커피 메이커라든가 커피 잔 같은 생활용품이 좋을 것 같아요. ❻ 인삼이라든가 꿀 같은 건강식품이 좋을 것 같아요.
4. ❷ 드라마라든가 영화 같은 것을 봐요. ❸ 배구라든가 농구 같은 공을 가지고 하는 운동을 좋아해요. ❹ 콜라라든가 주스 같은 시원한 걸 준비하세요. ❺ 제주도라든가 하와이 같은 휴양지에 많이 가요. ❻ 떡이라든가 엿 같은 것을 선물해요.
5. ❷ 결혼을 한다고 ❸ 승연 씨가 시험 보는 날이 언제냐고 ❹ 4월 12일에 물이 안 나온다고, 아세요? ❺ 도쿄행 비행기를 탈 사람은 45번 문으로 오라고, 어느 쪽으로 가야 해요? ❻ 올가가 내일 미영이 생일 파티에 같이 가자고, 갈 수 있어?
6. ❷ 우도가 아름답다고 하던데 거기에 가자. ❸ 돼지고기가 유명하다고 하던데 돼지고기를 먹자. ❹ 롯데 호텔이 전망이 좋다고 하던데 롯데 호텔에서 잘까? ❺ 민박이 좀 싸다고 하던데 민박에서 자자. ❻ 귤이 맛있다고 하던데 귤을 사 오자.

3과 4항

1. ❷ 소식 ❸ 채식 ❹ 식습관 ❺ 편식 ❻ 육식
2. ❷ 비결 ❸ 정하시면 ❹ 장수 ❺ 중요하다고 ❻ 식사량을
3. ❷ 사형 제도는 필요하지 않다고 봐요. ❸ 저는 수술 후 자신감을 얻을 수 있으면 해도 된다고 봐요. ❹ 저는 그렇게 생각하지 않아요. 수술 후 부작용이 많으니까 안 하는 것이 낫다고 봐요. ❺ 저는 곧 좋아질 거라고 봐요. ❻ 저는 그렇게 생각하지 않아요. 몇 년 동안은 어려울 거라고 봐요.
4. ❷ 주택이 부족한 것이 문제라고 봐요. ❸ 환경오염이 문제라고 봐요. ❹ 사람들이 버스라든가 전철 같은 대중교통을 좀 더 많이 이용해야 한다고 봐요. ❺ 집을 더 많이 지어야 한다고 봐요. ❻ 환경오염을 해결하려면 일회용품의 사용을 줄여야 한다고 봐요.
5. ❷ 고등학교 때 축구 선수였답니다. ❸ 아주 귀엽답니다. ❹ 사람들 말도 잘 알아듣는답니다. ❺ 중학교 때 샀답니다. ❻ 소리가 맑고 깨끗하답니다.
6. ❷ 인천에는 인천국제공항이 있답니다. ❸ 이천은 도자기로 유명하답니다. ❹ 불국사는 경주에 있답니다. ❺ 전주는 비빔밥이 유명하답니다. ❻ 부산에 가면 꼭 가 봐야 할 곳이 해운대랍니다.

3과 5항

1. ❶ 육식 ❷ 흡연 ❸ 채식 ❹ 불면증 ❺ 피로 ❻ 편식 ❼ 비만 ❽ 운동 부족 ❾ 과식 ❿ 고혈압
2. ❶ 안색이 ❷ 과로를 ❸ 식욕 ❹ 무리하면 ❺ 뭐니 뭐니 해도 ❻ 건강식을 ❼ 유지하는데 ❽ 비결이 ❾ 규칙적인 ❿ 식사량을
3. ❶ 늦어도 12월 초에 보내야 크리스마스 전에 도착할 거예요. ❷ 원하는 곳에 갈 수 있다면 달나라에 가고 싶어요. ❸ 가야지요. ❹ 알려 ❺ 깨워 ❻ 김이라든가 김치 ❼ 아플 때는 죽이 좋다고, 죽을 끓여 주세요. ❽ 10년 후쯤 통일이 될 거라고 ❾ 외국어는 어릴 때 배우는 것이 좋다고 ❿ 영화배우랍니다.
4. ❶ 자 ❷ 깨웠다. ❸ 앉히 ❹ 씻겨 ❺ 입혀 ❻ 먹 ❼ 먹여 ❽ 웃겼다. ❾ 읽 ❿ 재우

듣기 연습

1. 운동
2. 1) ❶ 2) 아니요, 별로 도움이 되지 않는 것으로 나타났습니다.
3. 1) ○ 2) × 3) × 4) ○

읽기 연습

1. 1) ❷ 2) 운동도 하고 재미도 느끼는 것입니다. 3) ❹
2. 1) ❸ 2) ❷ 3) ❶ ○ ❷ ○ ❸ × ❹ ○

말하기 · 쓰기 연습

(생략)

제4과 공연과 감상

4과 1항

1. ❷ 공연 일시 ❸ 공연 장소 ❹ 관람 연령 ❺ 작품 해설
2. ❷ 말할 것도 없 ❸ 무대 ❹ 의상 ❺ 자막이 ❻ 뮤지컬은
3. ❷ 형 ❸ 말하기 성적 ❹ 전자 사전이 이 사전 ❺ 비싼 식당 음식이 어머니가 만든 음식만 못해요. ❻ 고급 커피숍 커피가 자판기 커피만 못해요.
4. ❷ 안드레이만 못하 ❸ 태우 씨만 못하 ❹ 히로시 씨가 태우 씨만 못하니까 ❺ 연세 노트북이 한국 노트북만 못해. ❻ 한국 노트북이 연세 노트북만 못해.
5. ❷ 차를 빌려 주 ❸ 그 친구를 소개하 ❹ 제가 설거지를 하 ❺ 내가 설거지를 해 주 ❻ 내가 설거지를 도와주, 공부 열심히 하기다.
6. ❷ 고속버스를 타 ❸ 계란을 먹 ❹ 생선회를 먹 ❺ 우리는 밍밍 씨 친구 집에서 자는 대신에 호텔 ❻ 숙박비를 내는 대신에 우리는 밍밍 씨에게 맛있는 저녁을 사 줬다.

4과 2항

1. ❷ 예약했다. ❸ 취소해야겠다. ❹ 변경하려면 ❺ 예매해야 ❻ 환불 받았다.
2. ❷ 간단하 ❸ 좌석이 ❹ 알려 줄래? ❺ 선택하는 ❻ 가입했어요.
3. ❷ 재미있다고 ❸ 혼자서 술 마시고 있다고 ❹ 친구가 고향에서 돌아왔다고 ❺ 깨워 달라고 ❻ 수영장에 가자고
4. ❷ 엄마라고 해서 ❸ 손에 참기름을 바르고 나무 위로 올라왔다고 해서 ❹ 도끼를 쓰면 쉽게 올라올 수 있다고 해서 ❺ 아이들이 (아이들을 불쌍하게 생각하면) 줄을 내려달라고 해서 ❻ 동생이 밤은 어두워서 무섭다고 해서
5. ❷ 대학을 졸업하 ❸ 회사를 그만두 ❹ 약을 먹 ❺ 화를 내 ❻ 점심만 먹
6. ❷ 넣 ❸ 넣 ❹ 담 ❺ 다 만들

4과 3항

1. ❷ 우울해졌다. ❸ 감동적이었다. ❹ 신나는 ❺ 심각해서
2. ❷ 마지막으로 ❸ 목소리로 ❹ 대사가 ❺ 훌륭한 ❻ 인상적이어서
3. ❷ 예문이 많을, 설명도 쉽다. ❸ 조금 먹을, 잘 안 먹는다. ❹ 많이 먹을, 자주 먹는다. ❺ 캠퍼스가 넓을, 아름답다. ❻ 숙제가 많을, 시험도 자주 본다.

모범 답안

4. ❷ 편리할 뿐만 아니라 깨끗하고 조용합니다. ❸ 수영뿐만 아니라 등산도 할 수 있습니다. ❹ 어른들뿐만 아니라 아이들도 즐길 수 있습니다. ❺ 리조트 안의 식당에서 할 수 있을 뿐만 아니라 주방에서 직접 만들어 드실 수도 있습니다. ❻ 자세한 정보를 얻을 수 있을 뿐만 아니라 할인권도 받으실 수 있습니다.
5. ❷ 우산을 가져가야지. ❸ 따뜻한 옷을 입어야지. ❹ 내일부터는 일찍 일어나야지. ❺ 고향에 계신 부모님께 전화를 해야지. ❻ 병원에 가야지.
6. ❷ 예쁜 옷을 사야지. ❸ 노트북을 사야지. ❹ 친구들하고 파티를 해야지. ❺ 해외여행을 가야지. ❻ 은행에 저금해야지.

4과 4항

1.

권하다	계획이나 의견을 내놓다.
소개하다	어떤 일을 하거나 무엇을 해 보라고 말하다.
안내하다	인사를 시키거나 설명을 해서 알게 해 주다.
제안하다	어떤 행사나 장소를 알려 주거나 데려다 주다.
추천하다	알맞은 사람이나 물건을 다른 사람에게 소개하고 권하다.

(권하다 – 어떤 일을 하거나 무엇을 해 보라고 말하다. / 소개하다 – 인사를 시키거나 설명을 해서 알게 해 주다. / 안내하다 – 어떤 행사나 장소를 알려 주거나 데려다 주다. / 제안하다 – 계획이나 의견을 내놓다. / 추천하다 – 알맞은 사람이나 물건을 다른 사람에게 소개하고 권하다.)

❷ 소개하 ❸ 추천해 ❹ 안내했다. ❺ 제안했다.
2. ❷ 분위기가 ❸ 흥겨운 ❹ 지루했다. ❺ 사물놀이 ❻ 확
3. ❷ 설악산이 가 볼 만하던데 한번 가 보세요. ❸ 불고기가 먹을 만해요. ❹ 친구하고 영화를 보려고 하는데 요즘 볼 만한 영화가 있어요? ❺ 걸을 만해. ❻ 믿을 만해요?
4. ❷ 신을 만한데요. ❸ 쓸 만한데요. ❹ 볼 만한 ❺ 먹을 만한 ❻ 쓸 만한
5. ❷ 많을걸요. ❸ 받을걸요. ❹ 일찍 나올걸요. ❺ 드시고 오실걸요. ❻ 탔을걸요.
6. ❷ 바쁠걸요. ❸ 고향에 돌아갔을걸요. ❹ 여행을 못 갈걸요. ❺ 병원에 가야 할걸요. ❻ 바쁠걸요.

4과 5항

1. ❶ 작품명 ❷ 공연 일시 ❸ 공연 장소 ❹ 관람 연령 ❺ 예매하신 ❻ 확인한 ❼ 환불 받으실 ❽ 감동적인 ❾ 인상적이었습니다. ❿ 추천하는
2. ❶ 말할 것도 없 ❷ 대사를 ❸ 좌석 ❹ 지루할 ❺ 훌륭한 ❻ 흥겨운 ❼ 자막 ❽ 알려 주 ❾ 의상을 ❿ 가입했다.
3. ❶ (기말 시험이) 중간시험 ❷ 발표 순서를 바꿔 주, 맛있는 점심을 사 주세요. ❸ 떡볶이를 좋아하신다고 ❹ 친구가 보자고 ❺ 수업이 끝나, 친구하고 같이 점심을 먹었어요. ❻ 맛있을, 값도 싸서 저는 늘 거기서 점심을 먹어요. ❼ 아침에 운동해야지. ❽ 경복궁이 가 볼 ❾ 할 ❿ 오늘 약속이 있을걸요.
4. ❶ 맞아요. 하숙집이 기숙사만 못해요.(○) ❷ 그래, 그러면 숙제를 도와주는 대신에 너는 저녁 준비 좀 해 줘.(○) ❸ 네, 이 전화기는 디자인이 예쁠 뿐만 아니라 가벼워요. (○) ❹ 조금 맵기는 했지만 먹을 만했어요. (○) ❺ 오늘 할 이야기가 많아서 아직 안 끝났을걸요. (○)

듣기 연습

1. 1) ❶ ○ ❷ × ❸ × ❹ ×
2. 1) ❷ 2) ❹ 3) 어렵고 지루하다고 생각했다.

읽기 연습

1. 1) ❶ × ❷ ○ ❸ × ❹ × 2) ❸
2. 1) ❹ 2) ❶ ○ ❷ × ❸ ○ ❹ ○ ❺ × 3) 거리의 음악가와 체코에서 이민 온 가난한 소녀의 사랑 이야기입니다.

말하기 · 쓰기 연습

(생략)

쉼터 2

★ 단어를 만들어 봅시다.

ㄱㅅ : 간식, 감상, 갈색, 검사, 검색, 고속, 관심, 기사……

ㅅㄱ : 사고, 사과, 상관, 생각, 생강, 성격, 성공, 시

간, 세계, 소개, 송금, 시골, 신기……

ㅅㅈ : 사자, 사전, 소주……

ㅇㅇ : 애인, 억양, 언어, 얼음, 예약, 예의, 와인, 웬일, 이유, 인원……

ㅊㅊ : 추천, 추측, 춘천……

ㄱㄱㄹ : 개구리, 고구려, 골고루……

ㅊㅂㅈ : 처방전, 초보자, 출발점……

제5과 사람

5과 1항

1. ❷ 인기가 좋은 ❸ 인정을 받 ❹ 유명해서 ❺ 능력이 뛰어나서
2. ❷ 겨우 ❸ 평이 ❹ 패션쇼 ❺ 실력을
3. ❷ 없는 ❸ 다친 ❹ 도서관에 가는 모양이에요. ❺ 맛있는 모양이에요. ❻ 기분이 좋은, 시험을 잘 본 모양이에요.
4. ❷ 목욕탕에 들어오, 샤워를 할 ❸ 졸고 계시, 피곤하신 ❹ 즐거워하, 텔레비전이 재미있는 ❺ 공부하, 시험 기간인 ❻ 웃으시는, 기분이 좋으신
5. ❷ 취미로 그릴 ❸ 아플 ❹ 했을 ❺ 친구일 뿐이에요. ❻ 들었을 뿐인데요.
6. ❷ 자고 싶을 ❸ 인사만 했을 ❹ 대답을 했을 ❺ 도와줬을 ❻ 인사를 드렸을

5과 2항

1. ❷ 꼼꼼하다 ❸ 고집이 세다 ❹ 성격이 급하다 ❺ 게으르다 ❻ 무뚝뚝하다
2. ❷ 챙겨. ❸ 마치 ❹ 충분할 ❺ 죽을 ❻ 무척
3. ❷ 좋아한다면서요? ❸ 봤다면서요? ❹ 더 재미있었다면서요? ❺ 남산도 산책했다면서요? ❻ 야경도 아름다웠다면서요?
4. ❷ 한국말을 잘 한다면서요? ❸ 생일이라면서요? ❹ 사람이 많다면서요? ❺ 싸웠다면서요? ❻ 우리 팀이 이겼다면서요?
5. ❷ 저 집 ❸ 이 가방 ❹ 시디(cd) ❺ 이 공책 ❻ 교실 반
6. ❷ 방이 손바닥 ❸ 배가 남산 ❹ 눈이 단춧구멍 ❺ 월급이 쥐꼬리 ❻ 얼굴이 주먹

5과 3항

1. ❷ 저축하다 ❸ 투자하다 ❹ 기부하다 ❺ 낭비하다 ❻ 절약하다
2. ❷ 혹시 ❸ 놀라운 ❹ 자신과 ❺ 말입니다. ❻ 대단한
3. ❷ 직업을 바꾸기란 보통 일이 아니에요. ❸ 좋은 부모가 되기란 참 어려운 일이지요. ❹ 까다로운 사람과 일하기란 쉬운 일은 아니지요. ❺ 날마다 아침 운동을 하기란 그리 쉬운 일이 아니에요. ❻ 아르바이트를 하면서 공부를 하기란 어려운 일이에요.
4. ❷ 일찍 일어나기란 쉬운 일이 아니지요. ❸ 숙제를 하기란 보통 일이 아니지요. ❹ 수업이 끝나고 아르바이트를 하기란 보통 일이 아니지요. ❺ 항상 손님에게 친절하게 대하기란 쉬운 일이 아니지요. ❻ 아르바이트를 하고 와서 집안일을 하기란 쉬운 일이 아니지요.
5. ❷ 여름을 시원하게 보냈던 ❸ 다림질을 했던 ❹ 실을 만들었던 ❺ 곡식을 갈았던 ❻ 화장실로 사용했던
6. ❷ 들었던 ❸ 있었던 ❹ 만났던 ❺ 있었던 ❻ 봤던

5과 4항

1. ❷ 사업가 ❸ 정치인 ❹ 교육자 ❺ 연예인
2. ❷ 존경해요. ❸ 배려하는 ❹ 흐뭇해하셨다. ❺ 마음이 넓으셔서
3. ❷ 비행기가 도착했을 텐데 왜 연락이 없지? ❸ 번거로우셨을 텐데 도와주셔서 감사합니다. ❹ 백화점에 사람이 많았을 텐데 힘들지 않았어요? ❺ 날씨가 많이 추웠을 텐데 고생하지 않으셨어요? ❻ 친구들은 다 돌아갔을 텐데 혼자서 할 수 있겠어요?
4. ❷ 힘들었을 ❸ 도착했을 ❹ 봤을 ❺ 화가 많이 났을 ❻ 벌써 끝났을
5. ❷ 고향에 가 ❸ 선생님께서 찾으시 ❹ 다음에 재미있는 연극을 하거든 같이 봅시다. ❺ 안드레이 씨를 만나시거든 제 안부 좀 전해 주세요. ❻ 아프시거든 먼저 퇴근하세요.

모범 답안

6. ❷ 가신다고 하시 ❸ 돌아오신다고 하시 ❹ 돌아오시지 않으신다고 하시 ❺ 일찍 오신다고 하시 ❻ 오신다고 하시, 저녁을 잡수시고 오실 거냐고 여쭤 봐.

5과 5항

1. ❶ 무뚝뚝한 ❷ 꼼꼼하십니다. ❸ 정이 많은 ❹ 인기가 좋습니다. ❺ 능력이 뛰어나서 ❻ 인정을 받았습니다. ❼ 성격이 급합니다. ❽ 고집이 센 ❾ 성공하 ❿ 기부하
2. ❶ 패션쇼 ❷ 흐뭇해집니다. ❸ 마치 ❹ 인정을 받는 ❺ 무척 ❻ 겨우 ❼ 자신이 ❽ 챙겨 ❾ 평이 ❿ 존경 받을
3. ❶ 차가 밀리는 ❷ 할 일을 했을 ❸ 휴가라면서요? ❹ 어려웠다면서요? ❺ 밍밍 씨 ❻ 주먹 ❼ 취직하, 하늘의 별 따기라고 ❽ 지혜로웠던 ❾ 매웠을, 먹을을 만했어요? ❿ 오, 가
4. ❶ 기분이 좋은 걸 보니까 시험을 잘 본 모양입니다. (○)
   ❷ 그 사람과 저는 같은 반 친구일 뿐입니다. (○)
   ❸ 그 회사는 일은 많은데 월급은 쥐꼬리만해요. (○)
   ❹ 뛰어가는 걸 보니까 약속 시간에 늦은 모양입니다. (○)
   ❺ 그 사람을 벌써 만났을 텐데 왜 아무 소식이 없지? (○)

듣기 연습

1. 1) 좀 냉정하고 고집이 세어 보였다. 2) 정이 많을 뿐만 아니라 다른 사람을 잘 배려해 준다. 3) ❶ ○ ❷ ○ ❸ × ❹ ×
2. 1) ❶ × ❷ × ❸ × ❹ ○ ❺ ○ 2) 자기가 하는 일에 만족을 하면서 기쁜 마음으로 일을 하는 사람

읽기 연습

1. 1) ❶ ○ ❷ ○ ❸ ○ ❹ × 2) ❶ 좋은 점 : 빠르고 정확한 서비스 문화 ❷ 나쁜 점 : 너무 빨리 변하는 환경에 추억이 사라지는 것
2. 1) ❷ 2) ❷

말하기 · 쓰기 연습

(생략)

중간 복습

Ⅰ. 1. 실력이 2. 심각해요. 3. 뭐니 뭐니 해도 4. 구입하려면 5. 겨우 6. 거의 7. 존경하는 8. 비결이 9. 인상적인 10. 챙겨 11. 충분하니까 12. 관심이 13. 마음먹었다 14. 경험이 15. 배려할

Ⅱ. 1. ❹ 2. ❷ 3. ❷ 4. ❶ 5. ❹

Ⅲ. 1. ❹ 2. ❶ 3. ❹ 4. ❸ 5. ❷

Ⅳ. 1. 걸려 2. 세워 3. 들리 4. 낮춰 5. 보여 6. 깨워 7. 잡혔나요? 8. 안겨서 9. 맡겼어요? 10. 놓여

Ⅴ. ❶ 2급 때 같은 반 친구였던 율리아 씨가 오늘 한국에 온대요. ❷ 7시에 학교 앞 카페에서 만나기로 했대요. ❸ (저도) 시간이 되면 오래요. ❹ 같이 저녁을 먹으면서 이야기하재요. ❺ 혹시 못 오면 연락해 달래요.

Ⅵ. 1. 등산을 갔어요. 2. 투표를 할 수 있어요. 3. 국민들을 위해서 열심히 일할 거예요. 4. 전화해 보세요. 5. 아파서 먼저 갔다고 전해 주세요.

Ⅶ. 1. 수지 씨가 감기에 걸렸던데요. (O)
2. 지난번에 산 구두가 참 예쁘던데요. (O)
3. 점심을 먹었는데도 벌써 배가 고파요. (O)
4. 수업이 끝나자마자 식당으로 달려갔어요. (O)
5. 옷은 옷걸이에 걸어 놓아라. (O)
6. 10명 이상이 신청해야 그 수업을 들을 수 있어요. (O)
7. 쓰기 실력이 말하기 실력만 못해요. (O)
8. 전화를 받고서 나갔어요. (O)
9. 그 곳은 날씨도 좋을 뿐만 아니라 볼 것도 많아서 항상 관광객이 많아요. (O)
10. 에릭 씨와 저는 그냥 오빠, 동생 하면서 지내는 사이일 뿐이에요. (O)

Ⅷ. 1. 카드를 넣고서 비밀 번호를 누르세요. 2. 자식을 잘 키우기란 쉬운 일이 아닙니다. 3. 얼굴이 잘 생겼을 뿐만 아니라 연기도 잘 합니다.4. 영수증이 있어야 환불 받을 수 있어요. 5. 학교에서 아르바이트를 할 사람을 찾는다고 하던데 빨리 가 보십시오.

Ⅸ. ❶ 기침도 많이 하고요. ❷ 토하기만 해요. ❸ 좀 심각하네요. ❹ 연세 병원에 어린이 병원이 있던데 ❺ 가고말고. ❻ 부산이라든가 제주도 같은 곳이 어때? ❼ 경주에 볼 것이 많다고 하던데 경주에 가 보자. ❽ 방학하자마자 고향에 가야 해.
❾친구 결혼식이 있거든.

Ⅹ. 1. 하루에 서너 잔쯤 마시니까 많이 마시 2. 퇴근하려던 3. 히로시 씨가 알, 히로시 씨한테 물어보세요. 4. 어렸을 때는 키가 아주 작았었어요. 5. 준비해 6. 그 나라 말부터 배워야지요. 7. 관심과 사랑이라고 8. 전에 나온 물건 9. 요즘 볼 만한 영화가 많다고, 친구와 같이 극장에 갔어요. 10. 아마 없을걸요. 11. 기분 나쁜 일이 있는 12. 한두 번 만났을 13. 고향으로 돌아간다면서요? 14. 월급은 쥐꼬리 15. 아주 추웠던

십자말풀이 I

①감	②상				⑨수	집	하	⑩다		
	③영	화	④동	아	리			⑪이	삿	짐
			영					어		
⑬관	⑭심		⑤상	쾌	하	⑥다		⑫트	림	
	⑮사	⑯이				리				
		력				⑦미	⑧장	원		
		⑰서	⑱비	스			수			
⑲우	⑳표		결						㉖채	㉗식
	㉑현	㉒관		㉓심	각	하	㉔다			사
		람					㉕들	다		량